REALIDAD Y FANTASÍA

REALIDAD Y FANTASÍA

SUSAN H. NOGUEZ

Former Teacher of Spanish
Westchester High School
Houston, Texas

Former Assistant Director
TESL Institute
Tulane University
New Orleans, Louisiana

EMILY BOYD

Chairwoman, Department of
Foreign Languages
Jersey Village High School
Houston, Texas

AMSCO

When ordering this book, please specify *either*
R 282 W *or* REALIDAD Y FANTASÍA

AMSCO SCHOOL PUBLICATIONS, INC.
315 Hudson Street / New York, N.Y. 10013

Illustrations by Anthony D'Adamo

Please visit our Web site at:

www.amscopub.com

ISBN 978-0-87720-525-8

PRINTED IN THE UNITED STATES OF AMERICA

PREFACE

Realidad y fantasía is designed for students who are in the early stages of their first course in Spanish. To make the text as easy as possible for the beginner, we have carefully controlled the vocabulary and grammatical structures. For example, we use Spanish cognates of English words wherever they are suitable. Although the Spanish gradually increases in difficulty from the first chapter to the last, we have kept it simple enough to be used in either semester of a first-year course. The present tense is used almost exclusively in chapters 1 through 8. The preterite tense is introduced in chapter 9.

To create stories that can stimulate conversation, we based them on themes that are popular among adolescents and can be retold in simple Spanish. A more specific type of ''conversation piece'' is provided by each of the 21 illustrations distributed among the chapters. Students can be asked to describe in Spanish what they see in each picture.

The last three chapters deal with important episodes in the history of Spain and Mexico.

The chapters are divided into short reading units, each unit ending in a set of exercises designed to test and develop comprehension of the text and to reinforce the learning of vocabulary, grammar, and idioms. Exercises are of various kinds and include practice in speaking Spanish.

Adapted to the needs and interests of beginning students, *Realidad y fantasía* is a text they can read with pleasure. It can be used effectively in all phases of the coursework to provide a valuable learning experience for young students of Spanish.

—THE AUTHORS

CONTENTS

1. NADA ES PERFECTO

I

El diario de Rafael: lunes, 10 de noviembre

Soy Rafael, capitán del <u>equipo</u> de fútbol* de mi escuela. Tenemos el mejor equipo de fútbol de toda Colombia. Soy alto, <u>guapo</u>, <u>fuerte</u> y muy popular. (Los capitanes de los equipos de fútbol siempre son guapos y populares.) Tengo muchos amigos buenos. Tengo muchas amigas bonitas. Pero tengo un problema. Luisa es la muchacha que más me interesa, y Luisa no quiere hablar <u>conmigo</u>. ¿Por qué no? Ella habla con los otros muchachos, pero no habla conmigo. Aquí está un ejemplo de una conversación típica con Luisa: *team*

handsome/strong

with me

YO *(con entusiasmo):*	*Hola, Luisa, Buenos días. ¿Qué tal? ¿Cómo estás?*
ELLA *(sin entusiasmo):*	*Bien, gracias.*
YO *(con entusiasmo):*	*¡Qué día más bonito! ¿Cómo está tu familia?*
ELLA *(sin entusiasmo):*	*Bien, gracias. Adiós, Rafael.*

**Fútbol means ''soccer'' in Spanish-speaking countries, where *our* football is called ''fútbol americano.''

1

Exercises

A. Arrange the words in a sentence.

1. problema / tengo / un

_____

2. bonitas / tengo / amigas / muchas

_____

3. no / Luisa / conmigo / hablar / quiere

_____

4. otros / ella / con / muchachos / habla / los

_____

B.* Complete the sentence with the correct form of the adjective.

1. Mis amigos son _____.
   a. popular   b. populares

2. Los capitanes de los equipos de fútbol son _____.
   a. fuerte   b. fuertes

3. La muchacha es _____.
   a. alto   b. altos   c. alta   d. altas

4. Rafael es un muchacho _____.
   a. guapo   b. guapa   c. guapos   d. guapas

5. Tengo muchas amigas _____.
   a. bonito   b. bonita   c. bonitos   d. bonitas

6. Es un día _____.
   a. bonito   b. bonita   c. bonitos   d. bonitas

C. Answer with a complete sentence in Spanish:

1. ¿Dónde vive Rafael?

_____

2. ¿Cómo es Rafael? (What is Rafael like?)

_____

3. ¿Cómo son las amigas de Rafael?

_____

4. Según (According to) Rafael, ¿cómo son los capitanes de los equipos de fútbol?

_____

D. *Practice in speaking Spanish.* Two students greet each other and engage in a brief conversation. Use expressions from Rafael's and Luisa's conversation.

_____

To the student: In exercises that offer lists of words from which the answers are to be chosen, always write out the word or expression required for each answer—*not* the letter (*a, b, c,* etc.) of the ''correct choice.'' The few exceptions (for example, exercise **G** on page 29) are clearly indicated in the instructions.

II

El diario de Rafael: martes, 11 de noviembre

Todos los días yo paso <u>enfrente de</u> la casa de Luisa. Su casa está en la <u>calle</u>   *in front of/street*
San Miguel, número 203. Es una casa amarilla y blanca. Es moderna y grande.
Tiene un <u>jardín</u> bonito. La familia de Luisa es grande. Luisa tiene tres hermanos   *garden*
y cuatro hermanas. Su padre es arquitecto. Él trabaja en una <u>oficina</u>. Su madre   *office*
trabaja en casa. Un hijo es un <u>jugador</u> profesional de fútbol. Los otros hijos son   *player*
estudiantes. Un hermano y una hermana son estudiantes de la Universidad Na-
cional de Colombia, en Bogotá. El hermano <u>mayor</u> quiere ser dentista. La her-   *older*
mana mayor quiere ser doctora. Yo quiero ser amigo de Luisa.

Exercises

E. Complete the sentences using the following words:

a. amarilla		*e*. mayor	
b. calle		*f*. mejor	
c. hablar		*g*. quiere	
d. jardín		*h*. trabaja	

1. Rafael _____ ser amigo de Luisa.

2. Luisa no quiere _____ con Rafael.

3. La casa de Luisa está en la _____ San Miguel.

4. Su padre _____ en una oficina.

5. El hermano _____ quiere ser dentista.

F. Translate the sentences into Spanish.

    EXAMPLE: *Luisa's mother* works at home.
             La madre de Luisa trabaja en casa.

1. Luisa's family is large.

_____

2. Luisa's house is modern.

_____

3. Luisa's father is an architect.

_____

4. Luisa's brothers and sisters are students.

_____

5. I want to be Luisa's friend.

_____

G. Answer in Spanish:

1. ¿Dónde está la casa de Luisa?

_____

2. ¿Cómo es la casa de Luisa?

_____

3. ¿Cuántos hermanos tiene Luisa?

_____

4. ¿Qué quiere ser la hermana mayor?

_____

H. *Practice in speaking Spanish.* In your Spanish class:

1. describe your house   2. describe your family

III

El diario de Rafael: miércoles, 12 de noviembre

Mañana veo a Luisa en la escuela. <u>A las ocho</u> ella tiene clase de historia con la señora López. Es su clase favorita. Yo tengo clase de biología a las ocho. A las nueve ella tiene clase de biología y yo tengo clase de matemáticas. Las matemáticas es mi clase favorita. A las diez Luisa y yo tenemos clase de <u>quími-ca</u> con el señor González. No me interesa mucho la química, pero siempre voy a la clase. <u>Nunca me ausento</u>. A las once Luisa tiene clase de literatura y yo tengo clase de historia. A las doce comemos en la cafetería de la escuela. Es una cafetería moderna pero la <u>comida</u> es horrible. Luisa siempre come con sus amigas Adela y Juana. Yo como con <u>varios</u> amigos. Por la tarde Luisa tiene clase de gimnasia y de matemáticas. Yo tengo clase de inglés y de gimnasia. Las clases terminan a las tres y Adela <u>acompaña</u> a Luisa a su casa. Un día yo voy a acompañar a Luisa a su casa.

at 8 o'clock

chemistry

I'm never absent.

food

several

accompanies

Exercises

I. Fill out Luisa's and Rafael's schedules of classes.

	LUISA	RAFAEL
8:00	_____	_____
9:00	_____	_____

	LUISA	RAFAEL
10:00	_____	_____
11:00	_____	_____
12:00	_____	_____
1:00	_____	_____
2:00	_____	_____

J. Complete the sentence with the correct form of the verb.

1. Luisa _____ clase de historia con la Sra. López.
      a. tengo   *b.* tienes   *c.* tiene   *d.* tenemos   *e.* tienen

2. Yo _____ clase de biología a las ocho.
      a. tengo   *b.* tienes   *c.* tiene   *d.* tenemos   *e.* tienen

3. Luisa y yo _____ clase de química.
      a. tengo   *b.* tienes   *c.* tiene   *d.* tenemos   *e.* tienen

4. A las doce nosotros _____ en la cafetería.
      a. como   *b.* comes   *c.* come   *d.* comemos   *e.* comen

5. Yo _____ con varios amigos.
      a. como   *b.* comes   *c.* come   *d.* comemos   *e.* comen

6. Ella _____ con Adela y Juana.
      a. como   *b.* comes   *c.* come   *d.* comemos   *e.* comen

K. Answer in Spanish:

1. ¿Qué clase tiene Luisa a las ocho?

_____

2. ¿Qué clase tienen Luisa y Rafael a las diez?

_____

3. ¿A qué hora comen en la cafetería?

_____

4. ¿Con quién come Luisa?

_____

5. ¿A qué hora terminan las clases?

_____

6. ¿Quién acompaña a Luisa a casa?

_____

L. *Practice in speaking Spanish.* Tell your classmates which class is your favorite and when it begins.

IV

El diario de Luisa: miércoles, 12 de noviembre

No sé por qué, pero Rafael quiere ser mi amigo. Rafael es un muchacho muy vanidoso. No quiero ser amiga de él. Pero Rafael insiste en hablar conmigo. No entiendo. Hay muchas muchachas más bonitas que yo en la escuela. Rafael no necesita más amigas. Tal vez quiere conocer a mi hermano Justino. Mi hermano es famoso. Es un gran jugador de fútbol. ¿Piensa Rafael que puede conocer a Justino si yo soy su amiga?

Tengo una idea. Justino va a estar en casa el viernes. Voy a invitar a Rafael a mi casa a cenar con mi familia el viernes. Es una buena manera de saber la verdad.

vain, conceited

*maybe/to meet (=
make the
acquaintance of)*

Friday
have supper/way

El diario de Rafael: jueves, 13 de noviembre

Luisa es una muchacha muy cruel. Me invita a su casa a comer con su familia. ¡Qué terrible! Quiero ir con ella a un restaurante romántico. Pero ¿cenar con su familia? ¡No, gracias! Comer con la familia de una amiga es una tortura. No me molesta visitar a la familia, pero, definitivamente, no me gusta comer con la familia. Cuando como con la familia de una amiga, no tengo apetito.

bother/I don't like

Exercises

M. Complete the sentences using the following words:

a. comer   *b.* conocer   *c.* estar   *d.* saber   *e.* ser

1. No quiero _____ amiga de Rafael.

2. Rafael quiere _____ a mi hermano.

3. Es una buena manera de _____ la verdad.

4. Me invita a su casa a _____ .

5. Quiero _____ solo con Luisa.

N. Use each expression in a sentence that begins with either *Quiero conocer* (I want to meet or become acquainted with someone) or *Quiero saber* (I want to know something).

1. . . . la verdad.   _____

2. . . . a la muchacha.   _____

3. . . . al Presidente.   _____

4. . . . la información.   _____

5. . . . el número de teléfono. _____

6. . . . al capitán del equipo. _____

O. Answer in Spanish:

1. ¿Quiere Luisa ser amiga de Rafael?

_____

2. ¿Cómo se llama el hermano de Luisa?

_____

3. ¿Cuándo va a estar en casa Justino?

_____

4. ¿Prefiere Rafael comer en un restaurante romántico o en casa de Luisa?

_____

P. Write a brief description in Spanish of a person you have seen (at school or elsewhere), adding that you want to meet him or her and that you want to become his or her friend.

_____

_____

_____

_____

_____

V

El diario de Rafael: sábado, 15 de noviembre

¡Luisa tiene una familia extraordinaria! Generalmente cuando una muchacha me invita a cenar con su familia, no voy. No me gusta cenar con las familias de mis amigas. Pero la familia de Luisa es excepcional.

Silvia, por ejemplo. Ella es la hermana mayor de Luisa. Estudia medicina. Habla con mucho entusiasmo de sus estudios. Trabaja en un hospital, en la sala de emergencia. Es muy interesante saber lo que ocurre en la sala de emergencia. — *emergency room*

Y Justino. No es vanidoso. Muchos atletas profesionales son vanidosos y desagradables, pero Justino, no. — *athletes / unpleasant*

Ana es mi favorita. Tiene ocho años y es una niña muy seria. Lee muchos libros sobre animales y quiere ser veterinaria. Tiene dos serpientes y tres ratones en su dormitorio. — *she is 8 years old / snakes/mice / bedroom*

Los padres de Luisa son muy amables. La comida es deliciosa. En la mesa todos hablan y hay mucha confusión. Me gusta la familia de Luisa. — *friendly*

Exercises

Q. Make the sentences negative.

EXAMPLE: Silvia estudia medicina.
Silvia no estudia medicina.

1. Yo entiendo. _____

2. Tengo apetito. _____

3. Justino es vanidoso. _____

4. Me gusta cenar con la familia. _____

5. Luisa quiere hablar conmigo. _____

R. Complete the sentence with the correct form of the expression *ser serio(-a)*.

EXAMPLES: Los padres *son serios*.   Luisa *es seria*.

1. Las hermanas _____.

2. Justino _____.

3. La familia _____.

4. Los libros _____.

5. El padre _____.

S. Answer in Spanish:

1. ¿Cómo se llama la hermana mayor de Luisa?

2. ¿Dónde trabaja Silvia?

_____

3. ¿Cuántos años tiene Ana?

_____

4. ¿Cómo son los padres de Luisa?

_____

5. ¿Cómo es la comida en la casa de Luisa?

_____

T. _Practice in speaking Spanish._ Using at least two of the following adjectives in a complete sentence, describe your English or your math teacher to your Spanish class:

alto, -a	desagradable	interesante
amable	excepcional	serio, -a
cruel	extraordinario, -a	vanidoso, -a

VI

El diario de Luisa: domingo, 10 de diciembre

Estoy <u>loca por</u> Rafael. ¡Qué chico más simpático! Veo a Rafael en la escuela <u>todos los días.</u> Muchas veces como con él en la cafetería. Siempre me acompaña a casa después de las clases. Ahora sé que Rafael está interesado en _mí,_ no en mi hermano Justino. Pero <u>a veces</u> no estoy <u>segura.</u> Voy a explicar.   *crazy about* / *every day* / *at times/sure*

Cuando Rafael viene a verme durante <u>los fines de semana,</u> algunas veces vamos a las fiestas de nuestros amigos, o vamos con unos amigos al cine. Pero <u>la mayoría del tiempo</u> tengo que ir con él a los <u>partidos</u> de fútbol, y el fútbol me <u>aburre.</u> Cuando no vamos a un partido, Rafael prefiere visitar a mi familia. <u>Le gusta</u> escuchar las aventuras de Silvia en la sala de emergencia, y también le gusta hablar con Ana y mirar sus ratones blancos. Pero le gusta <u>sobre todo</u> charlar con Justino acerca del fútbol. <u>¡Hora tras hora!</u>   *weekends* / *most of the time/ games* / *bores* / *he likes* / *especially* / *Hour after hour!*

A Rafael le gusta estar con mi familia. ¡Qué bueno! Pero yo veo a mis hermanos todos los días. Ceno con mi familia todas las noches. Yo quiero comer en un restaurante romántico. Quiero estar sola con Rafael. ¿Por qué debemos ir siempre a los partidos de fútbol?   *How nice!*

Pero <u>no importa.</u> Rafael es una persona <u>maravillosa.</u> Estoy loca por él. Y nada es perfecto.   *it doesn't matter/ marvelous*

Exercises

U. Complete the sentences using the following words:

a. fines   *c.* todas   *e.* vamos
b. partidos   *d.* todos   *f.* veces

1. Muchas _____ Luisa come con Rafael en la cafetería.

2. Van al cine los _____ de semana.

3. Van a los _____ de fútbol.

4. Luisa ve a sus hermanos _____ los días.

5. Cena con su familia _____ las noches.

V. Underline the verbs in the following sentences:

1. Muchas veces como con Rafael en la cafetería.

2. Veo a Rafael en la escuela.

3. Algunas veces vamos a las fiestas de nuestros amigos.

4. Yo quiero comer en un restaurante romántico.

5. A Rafael le gusta estar con mi familia.

W. Answer in Spanish:

1. ¿Adónde van Luisa y Rafael los fines de semana?

_____

2. ¿A Luisa le gusta el fútbol?

_____

3. ¿Qué quiere hacer Luisa?

_____

X. *Practice in speaking Spanish.* Tell the class what you like to do and what you do not like to do on weekends. Here are some useful expressions; use as many of them as you can:

ir al cine   ir a los partidos de fútbol (béisbol, básquetbol)
comer en un restaurante   visitar a amigos (amigas)
estudiar   estar con la familia
ir a las fiestas   estar solo(-a) con . . .
hablar por teléfono

2. EN DEFENSA DE LOS VAMPIROS

Soy un vampiro. Durante el día, duermo en una tumba. *vampire/tomb*
La tumba está en un castillo en Transilvania. Transilvania es un país en Europa. *castle/country*
Es un país bonito con mucha historia.

Muchas personas piensan que los vampiros somos monstruos. No es verdad. *think/monsters*
Somos aristocráticos y muy elegantes. Por ejemplo, nuestra ropa es de color
negro, siempre muy correcta. No usamos ropa de otro color, sólo negra. *only*

¿Nuestra comida? No comemos hamburguesas, ni pollo frito, ni papas fri- *fried chicken/potatoes*
tas. ¡Qué comida más horrible! No tiene vitaminas. Nosotros bebemos la sangre *blood*
de nuestras víctimas.

La sangre es muy nutritiva. Por esta razón vivimos muchísimos años. Y por
eso tenemos dientes largos, fuertes y blancos. Nunca tenemos que visitar al
dentista.

La sangre tiene muchas vitaminas. Por eso tenemos ojos que ven en la obscuridad. Vemos perfectamente bien en la obscuridad de la noche. Nunca salimos de día; sólo salimos de noche.

darkness
by day

La sangre no tiene muchas calorías. Es obvio. Los vampiros no somos gordos, ¿verdad? Somos siempre flacos. No tenemos que estar a dieta.

thin

Pero los vampiros tienen mala fama. ¡Qué injusto! Dicen que somos feos. ¡Qué absurdo! Somos muy atractivos. Siempre estamos divinamente pálidos porque nunca estamos al sol. Yo nunca salgo al sol. Sólo salgo cuando está obscuro, o salgo a la luz de la luna. Prefiero la luna llena.

a bad reputation/How unfair!
in the sun
full

Dicen que somos crueles. No es verdad. Mis víctimas nunca sufren. Cuando no visito a mis víctimas, ellas salen en la noche y me llaman. Además, mis víctimas reciben vida eterna. ¿No es maravilloso vivir para siempre?

besides

Muchas personas de California, en los Estados Unidos de América, vienen a Transilvania. California es el estado en los Estados Unidos donde filman las películas. La ciudad donde filman las películas se llama Hollywood. Los norteamericanos vienen a nuestro país a filmar películas de terror. Filman las películas en los castillos antiguos y abandonados. Pero nunca invitan a los vampiros verdaderos a actuar en las películas. Y en las películas siempre hablan mal de nosotros. Siempre somos los malos.

films, movies
ancient
real, true
"the bad guys," villains

¿Por qué hablan mal de los vampiros? Mi vida es solitaria pero aristocrática. ¿Por qué tenemos tan mala fama? ¡No es justo, y yo protesto!

Exercises

A. In the blanks on the left, write the letters of the elements in column *B* that belong to the categories in column *A*. (Note the example in #1.)

	A		B
_g_	1. vampiro	*a.*	hamburguesa
___	2. estado	*b.*	California
___	3. ropa	*c.*	Hollywood
___	4. país	*d.*	pantalones
___	5. comida	*e.*	Transilvania
___	6. película	*f.*	"The Sound of Music"
___	7. ciudad	*g.*	Drácula

B. Complete the sentences using the following words:

a. calorías   *d.* llena   *g.* sangre
b. dientes   *e.* pálidos   *h.* ven
c. dieta   *f.* películas *i.* vitaminas

1. Los vampiros tienen _____ largos, fuertes y blancos.

2. Beben la _____ de sus víctimas.

3. La sangre tiene muchas _____.

4. Los vampiros son flacos. No tienen que estar a _____.

5. Están _____ porque nunca están al sol.

6. Los vampiros tienen ojos que _____ en la obscuridad de la noche.

7. Prefieren la luna _____.

8. Los norteamericanos vienen a Transilvania a filmar _____ de terror.

C. Each of the following sentences contains a factual mistake. Rewrite the sentences correctly.

1. Los vampiros comen muchas hamburguesas.

_____

2. El vampiro vive en Hollywood.

_____

3. Los vampiros tienen buena fama.

_____

4. Transilvania es una ciudad en Europa.

_____

5. Filman las películas en los castillos modernos.

_____

D. Complete the sentences with words that mean the opposite of the words in italics. Choose your answers from the following list:

a. atractivo	*c.* llena	*e.* noche	*g.* obscuridad
b. flaco	*d.* negra	*f.* nunca	*h.* tumba

1. El vampiro no es *gordo;* es _____.

2. La ropa no es *blanca;* es _____.

3. No salen de *día;* salen de _____.

4. El vampiro no es *feo;* es _____.

5. No les gusta la *luz* del día, prefieren la _____ de la noche.

6. Los vampiros *siempre* son los malos, _____ son los buenos.

E. Answer in Spanish:

1. ¿Dónde vive el vampiro?

_____

2. ¿Qué es Transilvania?

_____

3. ¿Cómo es Transilvania? (What is it like?)

_____

4. ¿Por qué viven muchos años los vampiros?

_____

5. ¿Por qué son flacos los vampiros?

_____

6. ¿Por qué están pálidos los vampiros?

_____

7. ¿Dónde filman las películas en los Estados Unidos?

_____

8. ¿Cómo es la vida del vampiro?

_____

F. *Practice in speaking Spanish.*

1. Describe to your class the places in which vampires live. Use the following words:

   abandonado   antiguo   castillo   tumba

2. Describe the popular notion of vampires. Use the following words:

   crueles   feos   malos   monstruos

3. Describe the vampire in the story. Use some of the following words:

   aristocrático   atractivo   elegante   flaco   pálido

4. Express your own opinion of vampires. Use any of the words given above.

3. EL PERRO ES EL MEJOR AMIGO DEL HOMBRE

I

Felipe y Raúl son amigos. Estudian en la universidad. Viven en un apartamento <u>cerca de</u> la universidad. Felipe quiere ser <u>ingeniero</u> y Raúl quiere ser profesor.

near/engineer

Las clases son difíciles, y los amigos estudian mucho. <u>Los lunes, los martes</u>, los miércoles y los jueves, estudian todo el día y parte de la noche. Pero los viernes y los sábados hay partidos de fútbol, béisbol o básquetbol. También hay fiestas.

On Mondays, Tuesdays,. . .

Felipe y Raúl van con unos amigos a los partidos y a las fiestas. Todos sus amigos son muchachos. Prefieren ir con muchachas, pero hay un problema. En

la universidad hay 3.942* hombres pero sólo 2.309 mujeres. Hay más hombres que mujeres. ¡Qué triste!

Un día Raúl va a sus clases en la universidad. En el <u>camino</u>, Raúl ve un perro. Es un perro negro. Es bonito. El perro <u>tiene hambre</u> y <u>tiene miedo</u>. A Raúl le gustan mucho los perros. No puede resistir. <u>Lleva</u> el perro al apartamento.   *road*   *is hungry/is afraid*   *he takes*

El perro tiene hambre y come mucho. Por fin, está <u>cansado</u> y <u>se duerme</u>.   *tired/falls asleep*

A Felipe no le gustan los perros. Dice que comen mucho y cuestan mucho dinero. Dice que el apartamento es pequeño y el perro necesita mucho ejercicio.

Raúl explica que el perro es pequeño y no come mucho. Explica que hay un <u>parque</u> cerca del apartamento. Raúl y el perro van a <u>pasearse</u> por el parque todos los días.   *park/to go for a walk*

Exercises

A. Complete the sentences using the following words:

a. cansado   *b*. hambre   *c*. pequeño   *d*. ser   *e*. tiene   *f*. va   *g*. ve

1. Felipe quiere _____ ingeniero.

2. En el camino, Raúl _____ un perro.

3. Raúl _____ a sus clases en la universidad.

4. El perro _____ miedo.

5. El perro está _____ y se duerme.

6. El apartamento es _____.

B. Complete each sentence by choosing the correct expression on the right.

(1)

1. Felipe y Raúl son _____.   *a*. muchachas

2. Las clases son _____.   *b*. difíciles

3. Los viernes y los sábados hay _____.   *c*. fiestas

4. Prefieren ir con _____.   *d*. cansado

5. El perro tiene _____.   *e*. pequeño

6. El perro está _____.   *f*. amigos

                                                            g. hambre

(2)

7. Come porque _____.   *h*. necesita ejercicio

8. Se pasea porque _____.   *i*. está cansado

9. Se duerme porque _____.   *j*. tiene hambre

10. Felipe estudia porque _____.   *k*. quiere ser ingeniero

---

*Spanish sets off thousands with a dot, not with a comma as in English.

C. Each of the following sentences contains a factual mistake. Rewrite the sentences correctly.

1. Los amigos viven en el camino.

_____

2. Felipe quiere ser profesor.

_____

3. Felipe y Raúl prefieren ir a los partidos y a las fiestas con el perro.

_____

4. En la universidad hay más mujeres que hombres.

_____

5. A Felipe le gustan los perros.

_____

D. Answer the following questions in Spanish:

1. ¿Qué quiere ser Raúl?

_____

2. ¿Cuándo estudian Felipe y Raúl?

_____

3. ¿Cuándo hay fiestas y partidos?

_____

4. ¿Cuántos hombres hay en la universidad?

_____

5. ¿Cuántas mujeres hay?

_____

E. _Practice in speaking Spanish._ Tell the class on which days you study and on which days you go to ball games and parties. (Estudio . . ., Voy . . .)

II

Pasan unas semanas. Raúl y Felipe estudian mucho. Raúl se pasea por el parque todos los días con su perro. Los viernes y los sábados los muchachos van a las fiestas y a los partidos. Raúl siempre sale con una muchacha, pero Felipe sale solo. Felipe está triste. No tiene amiga.

«¿Por qué?» piensa Felipe. «Raúl es guapo, pero no es tan guapo como yo.» Felipe está <u>disgustado</u>.   _upset_

Un día Felipe decide hablar con Raúl. —¿Por qué siempre vas a las fiestas con una muchacha? ¿Cuál es tu secreto?

—Amigo —dice Raúl—, tú necesitas un perro.

—¡Un perro! —exclama Felipe. —¿Necesito un perro? ¿Por qué?

—Vamos, Felipe —dice Raúl—. Tú vas a caminar por el parque conmigo y con mi perro.

Raúl, Felipe y el perro van al parque. En el parque hay muchos estudiantes. Los estudiantes juegan al fútbol o <u>se pasean en bicicleta</u>. Hay muchas mu- *are riding their bicycles* chachas en el parque. A las muchachas les gusta el perro de Raúl. Una muchacha <u>se acerca</u> y dice: *approaches*

—¡Qué perro más bonito! ¿Cómo se llama?

—Se llama Pepe —dice Raúl.

Raúl y la muchacha hablan por mucho tiempo. Raúl invita a la muchacha a la fiesta del viernes.

Los amigos caminan al apartamento. Raúl le dice a Felipe: —¿Ya entiendes, Felipe? Es muy fácil. A las muchachas les gustan los perros. Tú necesitas un perro.

El <u>próximo</u> día Felipe compra un perro. Todos los días, Felipe se pasea por *next* el parque con su perro. Todos los viernes va a las fiestas con una muchacha. Raúl y Felipe y los dos perros viven muy felices en el apartamento. Es verdad que «el perro es el mejor amigo del hombre».

Exercises

F. To the left of each Spanish word, write the letter of the English word that has the same meaning.

_____ 1. fácil   *a.* approaches

_____ 2. solo, -a   *b.* always

_____ 3. se acerca   *c.* easy

_____ 4. próximo, -a   *d.* need

_____ 5. siempre   *e.* alone

                          f. next

G. Complete each sentence by choosing the correct expression on the right.

1. Raúl siempre sale _____.   *a.* hablar con Raúl

2. Felipe no tiene _____.   *b.* amigas

3. Raúl y el perro _____.   *c.* con una amiga

4. Felipe decide _____.   *d.* se pasean por el parque

H. Complete each sentence with one of the following expressions:

a. va a comer   *c.* van a ir a la fiesta
b. no vas a caminar por el parque *d.* vamos a estudiar

1. Nosotros _____.

2. El perro _____.

3. Tú _____.

4. Los amigos _____.

I. Each of the following sentences contains a factual mistake. Rewrite the sentences correctly.

1. Raúl siempre sale solo.

_____

2. Las muchachas siempre llaman a Felipe.

_____

3. A las muchachas les gusta la bicicleta de Raúl.

_____

4. El próximo año Felipe compra un perro.

_____

J. Read the sentences aloud, making them negative.

EXAMPLE: A Raúl le gustan los perros.
A Raúl no le gustan los perros.

A los amigos les gusta el apartamento.
A los amigos no les gusta el apartamento.

1. A las muchachas les gusta el perro.
2. A Felipe le gustan las muchachas.

3. A Raúl le gusta estudiar.
4. A Felipe le gusta ir a los partidos.

K. Complete the sentence with the correct word.

1. A Raúl _____ gustan los perros.
   a. les   *b.* le

2. A los perros _____ gusta pasearse por el parque.
   a. les   *b.* le

3. A las muchachas les gusta _____.
   a. el perro   *b.* los perros

4. A los amigos les gustan _____.
   a. las clases   *b.* la clase

5. Al perro le gustan _____.
   a. el muchacho   *b.* los muchachos

L. Answer in Spanish:

1. ¿Quién va solo a las fiestas porque no tiene amiga?

   _____

2. ¿Qué hacen los estudiantes en el parque?

   _____

3. ¿Quién se acerca?

   _____

4. ¿Cómo se llama el perro de Raúl?

   _____

5. ¿Qué compra Felipe el próximo día?

   _____

M. *Practice in speaking Spanish.* Describe to the class the scene in the park as the boys are walking the dog.

4. EL PRECIO DE LA FAMA

I

Josefina es una boa. Vive en las <u>selvas</u> tropicales de Sudamérica. Josefina es fuerte. Tiene grandes <u>músculos</u>. <u>Estrangula</u> a sus víctimas y, después, las devora. Pero Josefina no es una serpiente violenta. Sólo estrangula para comer. En realidad es una criatura dócil y gentil.

jungles
muscles/she strangles

Un día Josefina va por la selva. <u>Hace calor</u>. Siempre hace calor en la selva. Hace calor día y noche. El clima es tropical. No hay ni <u>primavera</u>, ni otoño, ni invierno. El verano es constante.

It's warm.
spring

Josefina está <u>de mal humor</u>. Está furiosa porque tiene hambre. Generalmente Josefina es amable y <u>agradable</u>, pero cuando tiene hambre es agresiva. Y hoy, Josefina tiene mucha hambre.

in a bad mood
pleasant

Josefina <u>se desliza</u> rápidamente por la selva. Ella necesita encontrar un buen <u>lugar</u> donde esperar a una víctima. Imagina un <u>jabalí</u> gordo y delicioso. Se desliza más rápido.

slides
place/wild pig

<u>De repente</u>, enfrente de ella, en un <u>espacio</u> abierto en la selva, ella ve un jabalí grande y <u>gordo</u>. Josefina se prepara para atacar, y cuando está cerca del jabalí . . . ¿qué pasa? En un instante todo está iluminado. ¿Iluminado? La selva nunca está iluminada. Siempre está <u>obscura</u>. La boa está confusa. ¿Por qué la iluminación? Ella está <u>aún</u> más confusa cuando ve. . . cámaras, muchas cámaras de televisión. Hay personas filmando. ¿Filmando qué?

suddenly/space
fat
dark
even

Exercises

A. Complete each sentence by choosing the correct expression on the right.

1. Josefina es ————————————————.
2. Josefina está ————————————————.
3. La selva siempre está ————————————————.
4. Josefina se desliza ————————————————.
5. Josefina tiene ————————————————.

a. confusa

b. obscura

c. hambre

d. rápidamente

e. una boa

B. Complete the sentences using the following words. Some of them may be used more than once.

a. calor   *b.* devora   *c.* es   *d.* está   *e.* se desliza   *f.* tiene   *g.* vive

Josefina ——————1—————— una boa. Ella ——————2—————— en las selvas de Sudamérica. Josefina ——————3—————— fuerte. Ella ——————4—————— grandes músculos. Ella estrangula a sus víctimas y, después, las ——————5——————.

Un día Josefina ——————6—————— rápidamente por la selva. Hace ——————7——————. Josefina ——————8—————— de mal humor porque ——————9—————— hambre.

21

C. Choose the opposite of each word in the first column.

     _____ 1. el invierno   *a.* la primavera

     _____ 2. el otoño   *b.* mañana

     _____ 3. el día   *c.* la noche

     _____ 4. furioso   *d.* el verano

     _____ 5. hoy   *e.* contento

D. Complete the sentences with *está* or *es*.

1. Josefina _____ fuerte.

2. Ella no _____ una serpiente violenta.

3. Josefina _____ una criatura dócil y gentil.

4. Josefina _____ de mal humor hoy.

5. Josefina _____ furiosa porque tiene hambre.

6. En un instante la selva _____ iluminada.

7. Josefina _____ confusa.

8. El clima de la selva _____ tropical.

E. Answer in Spanish:

1. ¿Dónde vive Josefina?

_____

2. ¿Está la selva siempre iluminada o siempre obscura?

_____

3. ¿Es Josefina una serpiente violenta o una serpiente dócil?

_____

4. ¿Está de mal humor o de buen humor hoy?

_____

5. ¿Hace calor en la selva o hace frío?

_____

F. Write a short summary of the first part of the story in Spanish. The summary should include the following ideas: Josefina is a boa constrictor and lives in the South American jungle. One day Josefina is sliding through the jungle. She is in a bad mood because she is hungry. Suddenly she sees a wild pig in an open space in the jungle. She prepares to attack. All of a sudden the jungle is brightly lit. Josefina is confused. She sees cameras. People are filming.

_____

_____

_____

_____

_____

II

Hay personas de *National Geographic* filmando. Un señor con micrófono en la mano informa acerca de las boas de Sudamérica. Habla de su manera de moverse, su manera de defenderse, de dormir, de procrear y—muy importante—su interesante manera de comer. Josefina escucha sin comprender (son muy raras las boas que entienden el inglés), pero por fin comprende lo que pasa. ¡Las cámaras de *National Geographic* están en la selva para filmar a Josefina! Quieren filmar a Josefina comiendo el jabalí.

De repente Josefina ya no tiene hambre. Es su gran oportunidad. Va a ser famosa. Va a estar en la televisión. Millones de personas van a ver a Josefina en la televisión comiendo el jabalí. Ella ya no está furiosa y agresiva. Ahora está tímida y nerviosa. Y es difícil estrangular tímidamente.

Pero los héroes de la televisión necesitan actuar. En los programas, comen con apetito si tienen hambre, y comen con apetito si no tienen hambre. Josefina es una buena actriz. Estrangula y come el jabalí, y los señores con las cámaras filman a Josefina.

Una boa necesita hasta nueve o diez días para digerir un animal, y, durante ese tiempo, la boa duerme. Pero Josefina no puede dormir. Tiene indigestión. Está mala del estómago. Pero no importa. Si la indigestión es el precio de la fama, no importa la indigestión. Y Josefina es ahora una estrella en la televisión.

what's happening
eating
no longer, not
. . .anymore

timid, shy

as much (time) as/
digest

star

Exercises

G. Complete the sentences using the following verbs:

a. come	*c*. filman	*e*. tener	*g*. va
b. comer	*d*. filmar	*f*. tiene	*h*. van

Las cámaras están en la selva para _____ a Josefina. De repente Josefina ya no _____

1
2

hambre. Es su gran oportunidad. Ella _____ a ser famosa. Millones de personas _____

3
4

a ver a Josefina comiendo el jabalí. Josefina es una buena actriz. Estrangula y _____ al

5

jabalí, y los señores _____ a Josefina.

6

H. Complete the sentence with the correct expression.

1. Josefina va a ser _____.
   - *a*. guapa
   - *b*. fuerte
   - *c*. famosa
   - *d*. agresiva

2. Es difícil estrangular _____.
   - *a*. tímidamente
   - *b*. furiosamente
   - *c*. rápidamente
   - *d*. agresivamente

3. Josefina va a ser una actriz _____.
   - *a*. en un programa de radio
   - *b*. de televisión
   - *c*. del cine
   - *d*. del teatro

4. _____ personas van a ver a Josefina en la televisión.
   - *a*. Varias
   - *b*. Tres o cuatro
   - *c*. Pocas
   - *d*. Millones de

5. Josefina está mala _____.
   - *a*. de la cabeza
   - *b*. del ojo
   - *c*. del estómago
   - *d*. de la mano

I. Complete each sentence with one of the following expressions:

a. el precio de la fama	*c*. una buena actriz
b. para filmar a Josefina	*d*. dormir

1. Las cámaras están en la selva _____.

2. Josefina no puede _____.

3. La indigestión es _____.

4. Josefina es _____.

J. Answer in Spanish:

1. ¿Para qué están en la selva las cámaras de *National Geographic?*

_____

2. Cuando Josefina ve las cámaras, ¿por qué no tiene hambre?

_____

3. ¿Cuánto tiempo necesita una boa para digerir un animal?

_____

4. ¿Por qué no puede dormir Josefina?

_____

K. _Practice in speaking Spanish._ Describe to your class (1) the South American jungle and (2) the eating habits of the boa.

5. Los héroes

no tienen miedo

I

La noche está obscura y <u>ominosa</u>. Anita camina rápidamente <u>por el bosque</u>. La <u>brisa</u> es siniestra. Anita tiene miedo y camina más rápido.

Los muchachos de su pueblo dicen que hay un <u>fantasma</u> en el bosque. Pero Anita Mendoza es una muchacha inteligente. ¡Qué idea más ridícula! Los fantasmas no existen en realidad.

A Anita le gusta leer. Lee muchos libros sobre agentes secretos y detectives <u>valientes</u>. Anita es inteligente pero tímida. En la escuela, no habla mucho con

ominous

through the woods/ breeze

ghost

brave

26

los otros estudiantes y no tiene muchos amigos. Vive en un mundo de fantasía. Se imagina tan valiente como los héroes de sus novelas favoritas.

Pero ahora, en el bosque, Anita tiene miedo. En la brisa fuerte, el movimiento de las <u>ramas</u> de los árboles da la ilusión de figuras en la noche. Anita tiene miedo, pero piensa en sus héroes favoritos. En las novelas que ella lee, los héroes nunca tienen miedo.   *branches*

De repente, oye un <u>sonido</u> terrible. *Suooooooch*. Está paralizada del miedo. Ve una luz pequeña. Ve dos luces pequeñas. Son los ojos de un animal del bosque, pero Anita piensa que son los ojos del fantasma.   *sound*

Anita comienza a correr. Corre como una loca por el bosque. Por fin, no puede correr más. Ahora Anita no sabe dónde está. No puede ver casi nada en la obscuridad de la noche. La pobre muchacha está <u>perdida</u> en el bosque.   *lost*

Exercises

A. Rewrite the sentence, replacing the words in italics with one of the following expressions:

a. bosque	*d*. está obscura
b. es inteligente	*e*. está perdida
c. es valiente	*f*. un fantasma

1. La noche *no está iluminada*.

_____

2. Anita está en un *lugar donde hay muchos árboles*.

_____

3. Por la noche, *una figura que se levanta del cementerio* camina por el bosque.

_____

4. Su héroe favorito *no tiene miedo*.

_____

5. Anita *no sabe dónde está*.

_____

B. Complete the sentence by choosing the correct expression on the right.

1. Anita camina _____.   *a*. miedo

2. Anita tiene _____.   *b*. tímida

3. Anita es _____.   *c*. por el bosque

4. Anita piensa _____.   *d*. perdida

5. Anita está _____.   *e*. en su héroe favorito

C. *¿Cierto o falso?* (True or false?) Read the statement aloud. If it is false, correct it as you read.

1. La noche está ominosa.
2. Anita tiene muchos amigos.
3. Anita lee muchos libros de fantasmas.

4. Las luces son los ojos de un animal.
5. Anita comienza a leer en el bosque.

D. Rewrite the sentences, replacing the words in italics with the words in parentheses. Make all necessary changes.

EXAMPLE: Anita ve una *luz* pequeña.   (animales)
Anita ve unos animales pequeños.

1. Las *luces* son pequeñas.   (pueblo)

_____

2. El *silencio* es siniestro.   (brisa)

_____

3. El estudiante lee muchas *novelas* ridículas.   (libros)

_____

4. El *muchacho* es tímido.   (muchachas)

_____

5. *Los amigos* están perdidos.   (Anita)

_____

E. Answer in Spanish:

1. ¿Dónde está Anita?

_____

2. ¿Por qué no habla Anita con los otros estudiantes?

_____

3. ¿Qué libros lee Anita?

_____

4. ¿Qué ve Anita en el bosque?

_____

5. ¿Por qué comienza a correr Anita?

_____

F. *Practice in speaking Spanish.* For your class:

1. Describe the night.
2. Describe Anita.
3. Tell what Anita actually sees in the woods. Then tell what she thinks she sees.

II

Anita está perdida en el bosque. En ese momento ve una luz en la distancia. «¡Es una casa!» piensa Anita, y comienza a caminar <u>hacia</u> la luz. *toward*

En veinte minutos Anita llega a la casa. Mira por la ventana. En la casa hay tres hombres grandes y feos. Están sentados a una mesa.

En el suelo cerca de la puerta, Anita ve tres rifles y tres pistolas.

En la casa los hombres hablan. Anita puede escuchar la conversación:

EL PRIMER HOMBRE: A las nueve de la mañana nadie está en el banco.

EL SEGUNDO HOMBRE: Sí; sólo unos <u>cajeros</u>. . . *bank tellers*

EL TERCER HOMBRE: A las nueve de la mañana, entonces. Vamos a robar el banco a las nueve.

«¡Qué horrible!» piensa Anita. «Son criminales. Tengo que hacer <u>algo</u>.» *something*

Anita piensa y piensa. Por fin tiene una idea: <u>quitar</u> la munición de los rifles. «No pueden robar el banco sin munición», piensa Anita. Pero ¿cómo? *remove*

En la casa, los criminales comienzan a celebrar. «¡Vamos a ser ricos!» Los hombres pasan a otro cuarto. <u>Ponen</u> la radio y cantan con la música. *they turn on*

Ahora Anita tiene su oportunidad. Abre la puerta y entra en la casa. Los hombres no la ven. Anita quita la munición de los rifles y de las pistolas. Los hombres hacen <u>tanto ruido</u> con su cantar y bailar que no la oyen. Anita <u>mete</u> las <u>balas</u> en el <u>bolsillo</u> de su <u>chaqueta</u> y corre de la casa. *so much noise/puts bullets/pocket/jacket*

Anita corre y corre. Pero no sabe dónde está la <u>carretera</u>. Por fin ve unas <u>luces</u> en la distancia. «¡Es la carretera!» piensa Anita. «¡Las luces son de los coches que pasan por la carretera!» *highway lights*

Exercises

G. To the left of each Spanish word, write the letter of the English word that has the same meaning.

_____ 1. hacia   *a.* highway

_____ 2. sentados   *b.* table

_____ 3. sin   *c.* toward

_____ 4. carretera   *d.* window

_____ 5. ventana   *e.* seated

f. without

H. *¿Cierto o falso?* Read the statement aloud. If it is false, correct it as you read.

1. Los tres hombres están sentados en la carretera.
2. Los hombres tienen miedo.
3. Anita escucha la conversación de los criminales.
4. Anita tiene una pistola.
5. Anita quita la munición de los rifles.

I. Correct the factual mistake in each sentence:

1. Anita comienza a caminar hacia la mesa.

2. Camina por una hora.

3. En la casa hay cinco hombres.

4. Los criminales comienzan a comer.

5. Anita corre de la casa con toda la comida.

J. Complete the sentences using the following words:

a. banco   *c.* miedo   *e.* munición
b. corre   *d.* mira   *f.* rifles

1. Cuando llega a la casa, Anita _____ por la ventana.

2. Anita tiene _____.

3. Anita ve tres _____ y tres pistolas.

4. Los hombres van a robar el _____.

5. Anita quita la _____ de los rifles.

K. Arrange the words to form a sentence.

1. robar / vamos / el banco / a

_____

2. que / algo / tengo / hacer

_____

3. no / robar / munición / el banco / pueden / sin

_____

4. en / la casa / y / la puerta / abre / entra

_____

5. dónde / sabe / la carretera / está / no

_____

L. Answer in Spanish:

1. ¿Por qué tiene miedo Anita?

_____

2. ¿Qué ve Anita cerca de la puerta?

_____

3. ¿Qué van a hacer los hombres a las nueve de la mañana?

_____

4. ¿Qué quita Anita de los rifles y de las pistolas?

_____

5. ¿Cómo sabe Anita que la carretera está cerca?

_____

M. *Practice in speaking Spanish.* Describe to your class:

1. what Anita sees when she looks through the window
2. what the criminals do to celebrate
3. what Anita does when the criminals go into another room

III

Por fin Anita llega a su casa. <u>Cuenta</u> a sus padres su aventura en el bosque. Los padres de Anita ven las balas de los rifles y de las pistolas y tienen mucho miedo. *she tells (about), relates*

—¡Anita, hija! Tenemos que hablar con la policía.

Anita y sus padres van a la estación de policía.

El próximo día, a las nueve de la mañana, los criminales llegan al banco. <u>Aparecen</u> grandes y feos con sus rifles y pistolas. Entran en el banco con <u>máscaras</u> sobre la cara. *they appear* *masks*

—¡<u>Arriba las manos</u>! *Hands up!*

Los empleados del banco levantan las manos. Los criminales comienzan a robar el banco.

De repente Anita y <u>un policía</u> entran en el banco. El policía saca su pistola y les <u>grita</u> a los criminales: —¡Arriba las manos! *a policeman* *shouts*

Uno de los criminales <u>dispara</u> su rifle: CLIC. Los otros criminales disparan sus rifles: CLIC, CLIC. *fires*

El policía no se mueve.

—¡Imposible! —gritan los criminales, y disparan otra vez: CLIC, CLIC, CLIC.

Los criminales comienzan a tener miedo. Quieren correr del banco, pero llegan dos policías más. Los policías capturan a los criminales, y todos van a la estación de policía.

Aquella noche, en la televisión, en la radio, y en los periódicos hay <u>noticias</u> del <u>robo atentado</u> del banco. Anita Mendoza es ahora una heroína. *news* *attempted robbery*

El próximo día en la escuela, todos los estudiantes quieren hablar con Anita. Los muchachos admiran a Anita, y las muchachas quieren ser amigas de ella. Anita no es sólo la muchacha tímida que vive en las fantasías de sus novelas; es también la heroína de la escuela.

Exercises

N. Complete the sentences using the following words:

a. Arriba	*c*. grita	*e*. próximo
b. disparan	*d*. periódicos	*f*. sobre

1. Entran en el banco con máscaras _____ la cara.

2. ¡ _____ las manos!

3. Los criminales _____ sus rifles.

4. Hay noticias del robo atentado en los _____.

5. El _____ día, todos los estudiantes quieran hablar con Anita.

O. Complete the sentence with the correct word.

1. Tenemos _____ hablar con la policía.
a. a	*b*. que	*c*. de	*d*. en

2. Los empleados _____ las manos.
a. disparan	*b*. aparecen	*c*. comienzan	*d*. levantan

3. El policía _____ su pistola.
   a. saca   b. rifle   c. llega   d. aparece

4. Todos los estudiantes quieren _____ con Anita.
   a. hablan   b. habla   c. hablar   d. hablas

5. Los muchachos _____ a Anita.
   a. disparan   b. admiran   c. atrapan   d. gritan

P. Write in Spanish:

Anita arrives home. She talks with her parents, and they go to the police station. The next day, Anita and a policeman capture the criminals.

_____

_____

_____

_____

Q. Answer in Spanish:

1. ¿Adónde van Anita y sus padres?

_____

2. ¿A qué hora llegan los criminales al banco?

_____

3. ¿Quiénes disparan sus rifles: los policías o los criminales?

_____

4. ¿Qué hay en la televisión, en la radio, y en los periódicos?

_____

5. ¿Quiénes quieren hablar con Anita el próximo día?

_____

R. *Practice in speaking Spanish.*

1. Describe the criminals as they enter the bank. Also tell your class:
2. where the news of the attempted robbery appears
3. how the students reacted to Anita's fame

6. Una visita a México

I

Rick Johnson trabaja para una compañía internacional en Chicago. La compañía importa productos mexicanos. Rick estudia español y quiere visitar a México. Por fin tiene la oportunidad. La compañía decide que Rick va a ser su representante en México por unos días. Rick está <u>muy animado</u>. *in high spirits*

Visitar un país <u>extranjero</u> es una experiencia interesante. En la ciudad de *foreign* México hay hoteles bonitos, parques famosos, restaurantes, <u>centros nocturnos</u>, *night spots* museos. Cerca de la ciudad están las fabulosas pirámides de Teotihuacán. Y para Rick, México tiene también algo que le interesa especialmente: ¡las <u>corridas de toros</u>! *bullfights*

Rick sale de Chicago a las cinco de la tarde, y llega a la ciudad de México a las ocho de la noche. Tiene reservaciones en un hotel que está en el centro de la ciudad. Es un hotel muy elegante porque la compañía <u>lo paga todo</u>. *pays for everything*

El primer día es jueves. Rick tiene unas <u>reuniones</u> con los agentes mexica- *meetings* nos de la compañía. La primera reunión <u>debe comenzar</u> a las diez y media de *is supposed to begin*

34

la mañana. Rick llega a esa reunión a las diez y media en punto, pero no hay *sharp*
nadie en la oficina. Los agentes mexicanos llegan por fin a las doce menos
cuarto. A la sorpresa de Rick, no se disculpan de su tardanza. Pero son señores *they don't apologize*
muy amables. La reunión termina a las dos de la tarde, y los agentes invitan a *for their lateness*
Rick a comer con ellos en un restaurante. Rick acepta la invitación aunque tiene *although*
una reunión con otros agentes a las tres y media. La comida dura mucho tiempo, *meal*
y Rick está muy preocupado cuando llega a la segunda reunión a las cuatro. *worried*
Pero no importa. Los otros representantes llegan «tarde» también. Por eso, la *for that reason*
reunión no puede comenzar hasta las cuatro y media.

El segundo día es viernes. Rick quiere llegar a tiempo a todas sus reuniones,
pero pronto aprende que todas comienzan al menos una hora después de la hora *at least*
indicada. No importa. Rick está muy satisfecho con los resultados.

Exercises

A. Complete each sentence with one of the following expressions:

a. el representante	*c.* los agentes mexicanos	*e.* visitar a México
b. español	*d.* Chicago	*f.* una compañía internacional

1. Rick estudia _____.

2. Rick trabaja para _____.

3. Rick quiere _____.

4. Rick va a ser _____.

5. Rick sale de _____.

6. Rick tiene unas reuniones con _____.

B. *¿Cierto o falso?* Read the statement aloud. If it is false, correct it as you read.

1. La compañía de Rick exporta productos de los   3. Rick llega a México en la noche.
   Estados Unidos a México.   4. Tiene reservaciones en un museo.
2. Rick vive en México.   5. Rick estudia español.

C. Complete the sentence with the correct word.

1. En México hay corridas de _____.
   a. músicos   *b.* hoteles   *c.* toros

2. Las pirámides de Teotihuacán están _____ de la ciudad de México.
   a. cerca   *b.* lejos   *c.* menos

3. Los agentes mexicanos son _____.
   a. amables   *b.* famosos   *c.* cómicos

4. La comida _____ mucho tiempo.
   a. aprende   *b.* dura   *c.* trabaja

5. Rick está _____ con los resultados.
   a. preocupado   *b.* amable   *c.* satisfecho

D. Complete each sentence with the correct clock-time, choosing among the following times (any of which may be used more than once, if necessary):

   a. 4:30   *b.* 10:30   *c.* 11:45   *d.* 2:00   *e.* 4:00

1. La primera reunión es para las _____.

2. Rick llega a la primera reunión a las _____.

3. Los agentes mexicanos llegan a las _____.

4. Comen a las _____.

5. Rick llega a la segunda reunión a las _____.

6. La segunda reunión comienza a las _____.

E. Complete the sentences using the following words:

   a. tarde   *b.* temprano   *c.* a tiempo

1. Rick llega _____ a la primera reunión.

2. Rick llega _____ a la segunda reunión.

3. La primera reunión comienza _____.

4. La segunda reunión comienza _____.

5. Todas las reuniones comienzan _____ en México.

F. *Practice in speaking Spanish.* Tell the class about some interesting places in Mexico City: "Hay museos, parques hermosos," etc.

II

El sábado Rick da un paseo por la ciudad. Compra arte- *takes a walk*
sanía mexicana en las tiendas. Come muchos tacos. Visita el Museo de Antro- *handicrafts*
pología. En la noche va a una fiesta en casa de uno de los agentes, Ernesto
Montenegro. La fiesta debe comenzar a las ocho. Rick llega a la casa a las ocho
y media. Una sirvienta abre la puerta. La casa está en silencio. Rick es el
primero en llegar. ¡Qué terrible! La sirvienta conduce a Rick a una sala. Veinte *leads*
minutos después, Ernesto llega a casa, y pasa inmediatamente a la sala para
saludar a Rick. Los otros invitados comienzan a llegar a las nueve y media. A *greet/guests*
las cuatro de la mañana termina la fiesta, y Rick vuelve contento pero cansado
a su hotel.

El día siguiente es domingo—¡el día de las corridas de toros! Rick está muy *following*
interesado en las corridas. Sabe de memoria el libro de Ernest Hemingway sobre
la corrida, *Death in the Afternoon*.

Las corridas comienzan a las cuatro de la tarde. Rick <u>no se preocupa de</u>   *doesn't worry about*
llegar allí a tiempo. Ahora sabe que, en México, todo comienza al menos una
hora más tarde de <u>lo indicado</u>.   *what is indicated*

A las cinco de la tarde Rick llega a la <u>plaza de toros</u>. Ve que no hay nadie   *bullring*
en la calle enfrente de la plaza. ¿Por qué no hay mucha gente <u>esperando</u> entrar   *waiting*
en la plaza? Rick se acerca a un vendedor de tacos y le pregunta:

—Perdone usted, señor, ¿a qué hora comienza la corrida?

—A las cuatro, señor.

—¿A las cuatro? Imposible. ¿La corrida comienza a tiempo? Nada en México comienza a tiempo.

—Sí, señor. En México una cosa comienza a tiempo. Solamente una cosa.
Es una tradición. Las corridas de toros siempre comienzan a las cuatro de la
tarde en punto.

Exercises

G. Complete each sentence with the correct clock-time, choosing among the following:

a. 8:50   *b.* 5:00   *c.* 9:30   *d.* 8:30   *e.* 4:00

1. Rick llega a la fiesta a las _____ de la noche.

2. Ernesto llega a casa a las _____.

3. Los otros invitados llegan a la fiesta a las _____.

4. La fiesta termina a las _____ de la mañana.

5. Rick llega a la corrida a las _____.

6. La corrida comienza a las _____.

H. Complete the sentences with *Hay* or *No hay*.

1. _____ muchos invitados en la casa de Ernesto a las ocho y media.

2. _____ una sirvienta en la casa.

3. _____ mucha gente esperando entrar en la plaza de toros a las cinco.

4. _____ un museo de antropología en México.

5. _____ corridas de toros en Chicago.

6. _____ pirámides en Nueva York.

7. _____ muchas tiendas en todas las ciudades grandes.

8. _____ toros en los hoteles elegantes.

I. Complete the sentences with the correct forms of the verbs in parentheses.

1. (ir) Rick _____ a una fiesta.

2. (ser) Rick _____ la primera persona en llegar.

3. (conducir) La sirvienta _____ a Rick a la sala.

4. (comenzar) Los otros invitados _____ a llegar a las nueve y media.

5. (volver) Rick _____ contento a su hotel.

J. Complete the sentences with *está* or *es*.

1. La casa _____ en silencio.

2. Rick _____ el primero en llegar.

3. El día siguiente _____ domingo.

4. Rick _____ muy interesado en las corridas.

5. _____ una tradición.

K. Answer in Spanish:

1. ¿Qué come Rick?

_____

2. ¿Dónde está la fiesta?

_____

3. ¿Quién abre la puerta?

_____

4. ¿A qué hora comienzan a llegar los invitados?

_____

5. ¿Cómo se llama el libro de Hemingway que trata de (deals with) las corridas de toros?

_____

L. *Practice in speaking Spanish.* Tell the class what Rick learns about being on time in Mexico.

7. JUAN GÓMEZ, DETECTIVE

CASO NÚMERO UNO: LA SORTIJA DE DIAMANTES

I

Juan Gómez es un detective <u>privado</u>. Tiene veinticinco *private*
años. Su oficina está en el centro de la ciudad. No es una oficina elegante. Es
obscura y pequeña, con una sola ventana. Juan tiene un <u>escritorio</u>, una silla para *desk*
él y una silla para los clientes. En la <u>pared</u>, hay un calendario viejo con la foto *wall*
de una muchacha.

Es jueves, un día <u>caluroso</u> de agosto. Son las diez de la mañana. Juan está *warm*
en su oficina. La puerta está <u>cerrada</u>, la ventana está <u>abierta</u>, y Juan está sentado *closed/open*
en su silla. Juan tiene su pistola y su sombrero sobre el escritorio. El joven
detective está preocupado porque no tiene clientes—y necesita pagar el <u>alquiler</u> *rent*
de su oficina <u>dentro de</u> dos días. Está preocupado pero también está cansado. *within*
Cierra los ojos y <u>se duerme</u>. *falls asleep*

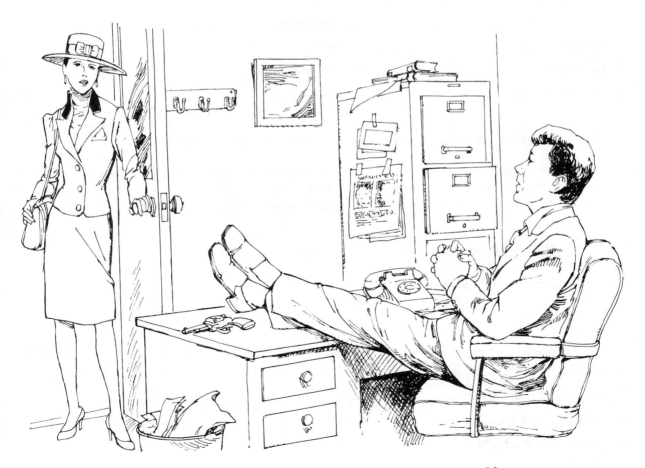

A las diez y cuarto, una persona <u>toca</u> a la puerta de la oficina. Juan duerme   *knocks*
profundamente. La persona toca más fuerte. Juan no abre.

La persona abre la puerta y entra.

—¿Señor Gómez?

Juan abre los ojos. ¡Qué sorpresa tan buena! ¡Hay una cliente en la oficina!
Es una señorita joven, <u>aristocrática</u> y muy bonita. Tiene los ojos azules. Tiene   *"high-class"*
el <u>cabello</u> largo, de color negro. Su vestido es verde y sus zapatos son <u>de color</u>   *hair*
<u>café</u>. (Los detectives notan todos los detalles.)   *brown*

Exercises

A. Complete the sentences using the following words:

a. alquiler	*d.* ojos	*g.* son
b. detective	*e.* pared	*h.* tiene
c. oficina	*f.* pistola	*i.* toca

1. Juan es un _____ privado.

2. Juan tiene una _____ en el centro de la ciudad.

3. Hay un calendario en la _____.

4. Juan necesita pagar el _____.

5. Juan cierra los _____ y se duerme.

6. La señorita _____ a la puerta.

7. La señorita _____ los ojos azules.

8. Sus zapatos _____ de color café.

B. *¿Cierto o falso?* Read the statement aloud. If it is false, correct it as you read.

1. La oficina es elegante.
2. Juan es un detective joven.
3. Hace calor.

4. Juan necesita pagar el alquiler dentro de cinco días.
5. Juan está cansado.
6. La señorita tiene el cabello azul.

C. Complete the sentences using one of the following expressions:

a. profundamente	*d.* a la puerta
b. verde	*e.* todos los detalles
c. abierta	

1. La ventana está _____.

2. Una persona toca _____.

3. En la oficina Juan duerme _____.

4. Los detectives notan _____.

5. El vestido de la señorita es _____.

D. Complete each sentence by choosing the correct expression on the right.

1. Juan es _____.   *a.* veinticinco años

2. Juan está _____.   *b.* dinero

3. Juan tiene _____.   *c.* joven

4. Juan necesita _____.   *d.* cansado

E. Each of the following sentences contains a factual mistake. Rewrite the sentences correctly.

1. Son las diez de la noche.

   _____

2. Juan necesita una silla.

   _____

3. El calendario tiene la foto de un perro.

   _____

4. La señorita tiene los ojos de color café.

   _____

5. Juan abre la puerta.

   _____

F. *Practice in speaking Spanish.* Describe to your class:

1. Juan Gómez
2. Juan's office
3. the girl Juan sees when he opens his eyes
4. one of your classmates

II

      Juan habla en un tono muy serio con la cliente en la oficina:
—Buenos días, señorita. Soy Juan Gómez, detective. Siéntese usted, por favor. ¿<u>En qué puedo servirle</u>?   *What can I do for you?*
—Buenos días, señor Gómez. Me llamo Isabel Torres.
      La señorita se sienta en una silla al lado del escritorio. Ella está pálida y muy nerviosa. Sus manos <u>tiemblan</u>.   *are trembling*

ISABEL: Un amigo mío dice que usted es un detective muy <u>listo</u>, que usted siempre <u>resuelve</u> los casos más difíciles. Dice también que usted es un hombre <u>honrado</u>.   *clever* / *solve* / *honest*

JUAN: *(responde modestamente)* Su amigo me conoce bien, señorita Torres. ¿Quiere explicarme su problema?

ISABEL: Señor Gómez, mi <u>sortija</u> de diamantes <u>ha desaparecido</u>. Tiene tres   *ring/has disappeared*

diamantes grandes. Vale mucho dinero. Es una sortija antigua de la familia y tiene gran valor sentimental para mí.

JUAN: Muy bien, señorita. Unas preguntas rápidas por favor. ¿En qué parte de la ciudad vive usted?

ISABEL: Vivo en la parte norte.

JUAN: ¿En qué calle vive?

ISABEL: Vivo en la calle Bolívar, número 55.

JUAN: ¿Vive usted con su familia?

ISABEL: No, vivo sola con una sirvienta.

JUAN: ¿Cuándo desapareció su sortija?

ISABEL: Posiblemente el martes pasado.

JUAN: ¿Desapareció por la mañana o por la tarde?

ISABEL: <u>No tengo idea</u>, señor Gómez.   *I haven't any idea*

JUAN: ¿Tiene usted otras sortijas valiosas?

ISABEL: Sí, tengo una sortija con un rubí grande y otra con perlas, pero sólo desapareció la sortija de diamantes.

    Juan piensa rápidamente. Es urgente resolver este caso hoy o mañana. Tiene que pagar el alquiler dentro de dos días. No tiene tiempo para usar la forma tradicional de investigar. Piensa un momento y declara muy entusiasmado:

    —Señorita, tengo una idea.

Juan explica su idea a la señorita Torres. Luego el detective y su cliente salen de la oficina y andan <u>a través del</u> corredor a la oficina de un amigo de Juan, Jorge Ortiz. Juan habla <u>un rato</u> con Jorge, y en unos minutos Isabel está sentada en una silla con una expresión vaga en sus bonitos ojos azules. Jorge Ortiz es <u>hipnotizador</u>; Isabel Torres está hipnotizada.

across the

(for) a while

hypnotist

Exercises

G. Complete the sentences using the following words:

a. calle   *c*. rápidamente   *e*. tradicional
b. difíciles   *d*. sortija   *f*. urgente

1. Juan siempre resuelve los casos más _____.

2. Isabel vive en la _____ Bolívar, número 55.

3. Juan piensa _____.

4. Es _____ resolver el caso.

5. Juan no tiene tiempo para usar la forma _____ de investigar.

H. Each of the following sentences contains a factual mistake. Rewrite the sentences correctly.

1. La señorita se llama Isabel Gómez.

_____

2. La sortija vale poco dinero.

_____

3. Es urgente resolver este caso dentro de cuatro días.

_____

4. Jorge Ortiz es carpintero.

_____

I. Number the following events in the order in which they occur in the story.

_____ *a*. Isabel y Juan pasan de la oficina de Juan a la oficina de Jorge Ortiz.

_____ *b*. Jorge Ortiz hipnotiza a Isabel.

_____ *c*. Isabel explica el problema a Juan.

_____ *d*. Juan explica su idea a la señorita Torres.

J. Complete each sentence with the correct expression.

1. Juan tiene que pagar _____ dentro de dos días.
   a. la sortija   *b*. el caso   *c*. el alquiler

2. La sortija es _____.
   a. nueva   *b*. antigua   *c*. de oro

3. Isabel y Juan pasan del corredor _____.
   a. a la calle   *b*. a la casa de Isabel   *c*. a la oficina de Jorge

4. Dentro de algunos minutos Isabel está sentada _____.
   a. en una silla   b. en el corredor   c. en una ventana

5. Isabel Torres tiene una expresión vaga en los ojos porque está _____.
   a. contenta   b. hipnotizada   c. cansada

K. Complete the sentence with the correct form of *ser* or *estar*.

1. «_____ Juan Gómez, detective.»

2. _____ urgente resolver el caso hoy o mañana.

3. Dentro de unos minutos Isabel _____ sentada en una silla.

4. Jorge Ortiz _____ hipnotizador.

5. Isabel _____ hipnotizada.

L. Answer in Spanish.

(1) ABOUT THE STORY:

1. ¿En qué parte de la ciudad vive la señorita?

   _____

2. ¿Vive Isabel sola o con una sirvienta?

   _____

3. ¿Cuántos diamantes tiene la sortija?

   _____

4. ¿Cuántas sortijas tiene Isabel?

   _____

(2) ABOUT YOURSELF:

5. ¿En qué ciudad vive usted?

   _____

6. ¿En qué parte de la ciudad vive usted?

   _____

7. ¿En qué calle vive usted?

   _____

8. ¿Vive usted solo(-a) o con su familia?

   _____

9. ¿Tiene usted una sortija? ¿Es nueva o antigua?

   _____

M. *Practice in speaking Spanish.* Tell the class:

1. what Isabel's ring was made of
2. why the ring is important to Isabel
3. why it is urgent to resolve the case today or tomorrow

III

Isabel está hipnotizada. Jorge habla con ella.

JORGE: *(con autoridad)* Señorita, es el martes pasado. Son las tres de la tarde. ¿Dónde está usted?

ISABEL: *(habla en un tono monótono)* Estoy en mi casa. Estoy en la cama. Siempre duermo la siesta a las tres de la tarde.   *I always take a nap*

JORGE: ¿Dónde está la sortija?

ISABEL: Llevo mi diamante en el dedo de la mano.   *I'm wearing/finger*

JORGE: Señorita, son las cuatro de la tarde. ¿Dónde está usted?

ISABEL: Estoy en la cocina. Siempre preparo dulces de chocolate para mis amigos los martes por la tarde.   *candy*

JORGE: ¿Dónde está la sortija?

ISABEL: Está sobre la mesa, cerca del plato de chocolate.

JORGE: Señorita, son las cuatro y media. Está usted en la cocina?

ISABEL: Sí.

JORGE: ¿Dónde está la sortija? ¿Está sobre la mesa?

ISABEL: No. No está en la mesa.

Juan está fascinado. Él interrumpe, impaciente:

JUAN: Señorita, ¿está usted sola en la casa?

ISABEL: No, la sirvienta está en la casa.

JUAN: ¿En qué parte de la casa está la sirvienta?

ISABEL: Está en el jardín.   *garden*

JUAN: Y entre las cuatro y las cuatro y media, ¿está usted sola en la cocina?

ISABEL: Sí, señor.

JUAN: Completamente segura?   *sure*

ISABEL: Sí, señor. Estoy sola con mi gato.   *cat*

JUAN: Con el gato, ¿eh?

ISABEL: *(con entusiasmo)* Sí. Es un gato precioso. Es blanco y tiene los ojos verdes. Tiene mucha energía. Nunca está tranquilo. Tiene mucha curiosidad, y. . .   *quiet, calm*

JUAN: Sí, sí, señorita. Mmmm. . .un gato curioso, ¿eh?

Es viernes; son las diez de la mañana. Juan y la señorita Torres están en la oficina. La señorita lleva su sortija de tres diamantes en un dedo de la mano izquierda. Está contenta y muy animada. Juan está contento también porque ahora va a tener el dinero para pagar el alquiler de su oficina.   *is wearing*   *left*

ISABEL: Señor Gómez, usted es un detective experto. Gracias a usted, tengo mi sortija. Y ¡qué rápido resuelve usted los casos! En un día. ¿Increíble! Aquí tiene su dinero. ¡Qué listo es usted en descubrir que el gato robó mi sortija! Imagínese. ¡Estaba debajo de la cama todo el tiempo! ¡Muchas gracias!   *Incredible!*   *under*

JUAN: Señorita Torres, . . .

ISABEL: *(con una sonrisa)* Puedes llamarme Isabel.   *smile*

JUAN: Gracias, Isabel. Tienes ahora tu sortija. Hoy es un día muy bonito para celebrar. No hace calor. ¿Estás <u>ocupada</u>? Hay un restaurante cerca de la oficina. ¿Quieres tomar un café?   *busy*

ISABEL: Gracias, Juan, pero no puedo. Estoy ocupada esta mañana. <u>Quizás</u>   *perhaps* otro día. . . *(Mira su <u>reloj de pulsera</u>.)* Oh, ya es tarde. Debo partir.   *wristwatch* ¡Hasta la vista, Juan!

Isabel Torres sale de la oficina. Juan está muy triste. <u>¡Qué disgusto!</u> Quiere   *What a disappointment!* hablar más con ella. Abre la puerta para llamarla, mira por el corredor y ve a la señorita entrar en la oficina de su amigo Jorge Ortiz, el hipnotizador. Juan   *astonished/What's* está <u>asombrado</u>. <u>¿Qué pasa?</u> ¿Por qué visita ella a Jorge Ortiz?   *going on?*

Le ocurre una idea. Vuelve a su escritorio y telefonea a Jorge Ortiz.

JUAN: Hola, Jorge, ¿qué tal?

JORGE: Buenos días, Juan.

JUAN: Oye, <u>no tengo nada que hacer</u> en este momento. ¿Quieres tomar un   *I have nothing to do* café conmigo?

JORGE: Ay, no puedo, Juan. Estoy ocupado. Tengo una cliente.

JUAN: ¿Una cliente?

JORGE: Sí, la señorita Torres. ¡Ella quiere ser hipnotizada <u>de nuevo</u>!   *again*

JUAN: ¿De nuevo? ¿Por qué?

JORGE: ¡Esta vez quiere recordar dónde <u>puso</u> su sortija con perlas!   *she put*

Exercises

N. Complete the sentences using the following words.

a. blanco	*c*. duerme	*e*. sobre
b. cocina	*d*. dulces	*f*. tranquilo

1. Isabel siempre _____ la siesta a las tres de la tarde.

2. Isabel está en la _____.

3. Ella siempre prepara _____ de chocolate los martes.

4. A las cuatro de la tarde, la sortija está _____ la mesa.

5. El gato nunca está _____.

O. Each of the following sentences contains a factual mistake. Rewrite the sentences correctly.

1. Isabel siempre prepara dulces para sus padres los martes por la tarde.

_____

2. La sirvienta robó la sortija.

_____

3. Hay un bar cerca de la oficina.

_____

4. Juan resuelve el caso en un año.

_____

5. Juan está contento al ver a Isabel entrar en la oficina de Jorge Ortiz.

_____

P. Complete the sentence with the correct form of *ser* or *estar*.

1. La señorita Torres _____ contenta.

2. Juan _____ un detective experto.

3. Hoy _____ un día bonito para celebrar.

4. Juan pregunta a Isabel:—¿_____ ocupada?

5. La sortija _____ debajo de la cama.

6. Isabel dice: —Ya _____ tarde; debo partir.

Q. Number the following events in the order in which they occur in the story.

_____ *a.* Isabel no acepta la invitación de Juan.

_____ *b.* La sortija está debajo de la cama.

_____ *c.* Isabel pone la sortija sobre la mesa de la cocina.

_____ *d.* Juan ve que Isabel lleva la sortija de nuevo.

_____ *e.* El gato roba la sortija.

R. Complete the sentence with the correct form of the adjective.

1. La puerta está _____.

   a. cerrado   *b.* cerrada   *c.* cerrados   *d.* cerradas

2. Las ventanas están _____.

   a. abierto   *b.* abierta   *c.* abiertos   *d.* abiertas

3. La señorita está _____.

   a. nervioso   *b.* nerviosa   *c.* nerviosos   *d.* nerviosas

4. El detective está _____.

   a. cansado   *b.* cansada   *c.* cansados   *d.* cansadas

5. Isabel está _____.

   a. hipnotizado   *b.* hipnotizada   *c.* hipnotizados   *d.* hipnotizadas

6. El gato nunca está _____.

   a. tranquilo   *b.* tranquila   *c.* tranquilos   *d.* tranquilas

7. Isabel y Juan están _____.

   a. sentado   *b.* sentada   *c.* sentados   *d.* sentadas

S. Answer in Spanish:

1. ¿Dónde está la sirvienta?

_____

2. ¿Qué prepara Isabel en la cocina?

_____

3. ¿Por qué está contenta la señorita?

_____

4. ¿Por qué está contento Juan?

_____

5. ¿Qué quiere hacer Juan para celebrar?

_____

6. ¿Por qué no acepta Isabel la invitación del detective?

_____

7. ¿Adónde va Isabel después de salir de la oficina de Juan?

_____

8. ¿Por qué quiere Isabel ser hipnotizada otra vez?

_____

T. _Practice in speaking Spanish._

1. Describe Isabel's cat.   2. Describe your own pet or a friend's pet.

8. El Baile

I

En su cuarto, Victor se mira en el <u>espejo</u> con admiración. *mirror*
El joven está <u>vestido</u> como un caballero del año 1890. Su madre entra en el *dressed*
cuarto y mira a su hijo con sorpresa.

—¿Qué haces, Victor? —le pregunta.

—Voy a un <u>baile</u> en mi escuela esta noche. Es un <u>baile de trajes</u>. Todos *dance/costume ball*
debemos llevar un traje de otra época. ¿<u>Qué te parece</u> este traje? *How do you like. . .?*

—Ay, hijo, <u>te pareces a</u> mi abuelo cuando fue joven. Pues, ¡<u>diviértate</u> en *you look like/enjoy*
el baile! *yourself*

* * * * * * * * *

Victor <u>conduce</u> el coche por la noche. Es una noche bonita de primavera. *drives*
De repente Victor ve a una muchacha que anda <u>al lado del</u> camino. La mu- *beside the*
chacha lleva un largo vestido azul. «Qué <u>extraño</u>», piensa Victor. «Una mu- *strange*
chacha que anda sola en la noche por un camino casi <u>desierto</u>.» Victor nota que *deserted*
el vestido de la muchacha parece ser de la misma época que el traje de caballero

que él lleva. «Ah, esta chica va también al baile», piensa Victor. El joven <u>para</u>   *stops*
el coche e invita a la muchacha a <u>subir</u>.   *to get in (to the car)*

—Gracias —dice ella con una <u>sonrisa</u>. Sube al coche y se sienta al lado de   *smile*
Victor.

La muchacha es muy bonita. Victor dice: —Voy al baile en el gimnasio de
la escuela. Veo que tú vas allí también. Llevas un <u>disfraz</u> muy bonito.   *costume*

—Gracias —contesta la muchacha. Ella mira a Victor y <u>sonríe</u>. Le dice: *smiles*
—Me gusta tu traje también. Es muy guapo.

El joven está muy alegre. —Me llamo Victor Cantú. ¿Cómo te llamas tú?

—Me llamo Alicia Sandoval.

—¿No eres tú la hija del <u>director</u>?   *principal*

—Sí; <u>¿cómo lo sabías?</u>   *how did you know?*

—Él también se llama Sandoval. Es el único «Sandoval» de la escuela.

—Por favor, <u>no lo digas a nadie</u>. Me gusta mucho bailar, pero él no me   *don't tell anyone*
permite <u>asistir a</u> los bailes de la escuela. ¡Si alguien sabe que yo soy la hija de   *to attend*
Alberto Sandoval, . . . !

Victor la mira con curiosidad. —¿Alberto Sandoval? Nuestro director se
llama *José* Sandoval. Creo que Alberto era el nombre de su *abuelo*—el hombre
que <u>fundó</u> la escuela. ¿No es verdad?   *founded*

Alicia contesta <u>con enojo</u>: —¡Qué tonto eres! ¿Dices que yo no <u>sé</u> cómo se   *with annoyance/know*
llama mi papá?

Victor <u>se pone rojo</u>. —Perdóname, Alicia, tienes razón. Pues. . .yo no   *blushes*
puedo saber *todo*.

Alicia <u>se ríe</u>. —Acepto tu excusa. Pero ya es tarde. ¿No puedes conducir   *laughs*
<u>más de prisa</u>?   *faster*

Y mientras el coche anda por el camino, Victor se siente muy contento.
¡Qué muchacha tan <u>encantadora</u>! Por fin, llegan a la escuela.   *charming*

Cuando entran en el gimnasio, Alicia exclama: «¡Ay, qué bonitas son las
decoraciones!» El baile <u>ya ha empezado</u>. Los estudiantes bailan a la música de   *has already begun*
una banda. Llevan <u>toda clase de</u> disfraces. Aquí está un «pirata» que baila con   *all kinds of*
una «princesa azteca», allí <u>se ve</u> un «payaso» que baila con una «campesina   *one sees/clown*
mexicana». . .

Victor encuentra que Alicia baila divinamente. Todos los muchachos quieren bailar con ella pero, a la sorpresa de Victor, nadie conoce a la muchacha.

Alicia y Victor se divierten mucho. La banda toca una canción romántica y
Victor <u>se enamora locamente</u> de Alicia.   *falls madly in love*

Exercises

A. Complete the sentences using the following words:

a. caballero   *b.* canción   *c.* conduce   *d.* divierten   *e.* enamora   *f.* lado

1. Victor está vestido como un _____ del año 1890.

2. Victor ve a una muchacha al _____ del camino.

3. Victor se _____ locamente de Alicia.

4. La banda toca una _____ romántica.

5. Victor _____ el coche.

B. *¿Cierto o falso?* Read the statement aloud. If it is false, correct it as you read.

1. Victor está vestido como un pirata.
2. Hace buen tiempo.
3. La muchacha lleva un espejo.

4. Alicia es bonita.
5. Todos los estudiantes conocen a Alicia.

C. Complete the sentence by choosing the correct expression on the right.

1. La muchacha sube _____. *a.* a la música

2. Alicia se sienta _____. *b.* de Alicia

3. Victor se siente _____. *c.* al coche

4. La banda _____. *d.* toca una canción

5. Los estudiantes bailan _____. *e.* al lado de Victor

6. Victor se enamora _____. *f.* contento

D. Write the infinitive form of the verbs in italics.

EXAMPLE: «Qué extraño», *piensa* Victor.

_____ *pensar* _____

1. Victor *ve* a una muchacha.

_____

2. Las decoraciones *son* bonitas

_____

3. La muchacha *sube* al coche.

_____

4. *Voy* al baile.

_____

5. La banda *toca* una canción romántica.

_____

6. Los estudiantes *bailan* a la música.

_____

7. Todos los muchachos *quieren* bailar con Alicia.

_____

E. Complete the sentences with the correct forms of the verbs in parentheses.

EXAMPLE: (llamarse) Yo _____ *me llamo* _____ Alicia.

1. (parecerse) «Ay, hijo, tú _____ a mi abuelo cuando fue joven.»

2. (llamarse) ¿Cómo _____ tu?

3. (sentarse) Ella _____ al lado de Victor.

4. (enamorarse) Victor _____ locamente de Alicia.

5. (divertirse) Alicia y Victor _____.

6. (sentirse) Victor _____ contento.

F. Answer in Spanish:

1. ¿Por qué lleva Victor un traje de otra época?

_____

2. ¿Quién conduce el coche?

_____

3. ¿Quién sube al coche?

_____

4. ¿Cómo es el vestido de la muchacha?

_____

5. ¿Cómo se llama la muchacha?

_____

6. ¿Adónde van Alicia y Victor?

_____

7. ¿Cómo baila Alicia?

_____

G. *Practice in speaking Spanish.* For your class:

1. Describe the girl Victor sees on the side of the road.
2. Describe what the students are doing in the gymnasium.
3. Tell what Victor and Alicia do at the dance.

II

Victor y Alicia bailan toda la noche. A las dos de la mañana la banda <u>cesa de tocar</u> y el baile termina. Los dos jóvenes salen del gimnasio con los otros estudiantes. La muchacha tiembla del frío y Victor le ofrece su chaqueta. En el coche, Alicia <u>se calla</u> y parece triste. Victor le pregunta: *stops playing* *falls silent*

—¿Cuál es la dirección de tu casa, Alicia?

—Está en la calle Pino, número 325.

—¿Dónde está la calle Pino?

Alicia le explica qué camino tomar para ir a su casa. Está muy lejos.

Cuando llegan a la casa, Victor le dice a Alicia: —¿Quieres tomar un refresco conmigo mañana por la tarde?

—Con mucho gusto —contesta la muchacha.

—Bueno, vengo por ti a las seis. ¡Hasta mañana, Alicia!

Y Victor se va en su coche.

El próximo día, Victor <u>se levanta</u> temprano. <u>Piensa en el baile</u> y en Alicia. Piensa en Alicia todo el día. *gets up/He thinks about the dance*

A las cinco de la tarde, Victor se prepara para salir. Sale de la casa a las cinco y media.

Para llegar a la casa de Alicia, Victor tiene que pasar por la parte más vieja de la ciudad. En la calle donde vive Alicia hay unas casas muy viejas.

Victor llega a la casa número 325. A la luz del día, Victor ve la casa. ¡Imposible! La casa es antigua, sin pintura. Las ventanas están <u>rotas</u>. La <u>mala</u> *broken*
<u>hierba y el polvo</u> cubren la casa y gran parte del patio. «¡Increíble!» piensa *weeds and dust*
Victor. «Nadie vive aquí.»

Por unos momentos Victor está <u>inmóvil</u> enfrente de la casa. Por fin, entra *motionless*
en el patio. El silencio profundo le da miedo.

Cuando Victor llega al lado de la casa, ve los <u>monumentos</u> de un cemen- *tombstones*
terio. Se acerca al cementerio con mucho miedo. De repente <u>se fija en</u> un mo- *he notices*
numento que está <u>cubierto</u> con una chaqueta. Victor <u>la reconoce</u> y empieza a *covered/recognizes it*
temblar. <u>Grita</u>: —Por Dios, ¡esa chaqueta es mía! *he shouts*

Es la chaqueta que le <u>prestó</u> a la muchacha después del baile, porque ella *he lent*
tenía frío. Victor levanta la chaqueta y lee la inscripción en el monumento:

ALICIA SANDOVAL RODRÍGUEZ

1874–1891

Exercises

H. To the left of each word in column *A*, write the letter of the word or expression in column *B* that has. . .

the *opposite* meaning: a *similar* or *related* meaning:

	A	B		A	B
_____	1. llegar	*a.* calor	_____	6. camino	*f.* Coca Cola
_____	2. temprano	*b.* salir	_____	7. viejo	*g.* a mucha distancia
_____	3. nadie	*c.* alegre	_____	8. jóvenes	*h.* calle
_____	4. frío	*d.* todos	_____	9. refresco	*i.* muchachos
_____	5. triste	*e.* tarde	_____	10. lejos	*j.* antiguo

I. Complete the sentence by choosing the correct expression on the right.

1. Después del baile, Alicia parece _____.   *a.* en Alicia
2. Alicia tiembla _____.   *b.* triste
3. Victor piensa _____.   *c.* están rotas
4. Victor se prepara _____.   *d.* para salir
5. Las ventanas _____.   *e.* la inscripción
6. Victor lee _____.   *f.* del frío

J. ¿*Cierto o falso*? Read the statement aloud. If it is false, correct it as you read.

1. Victor y Alicia bailan mucho.   4. La casa de Alicia es muy moderna.
2. Alicia tiembla de miedo.   5. Hay un cementerio al lado de la casa.
3. Victor le ofrece un sombrero.

K. Number the following events in the order in which they occur in the story.

_____ *a.* Victor sale de la casa a las cinco y media.

_____ *b.* Alicia tiembla del frío.

_____ *c.* Victor ofrece su chaqueta.

_____ *d.* Entra en el patio.

_____ *e.* Ve la chaqueta sobre el monumento.

_____ *f.* Victor lee la inscripción.

_____ *g.* Salen del gimnasio.

_____ *h.* Victor y Alicia bailan toda la noche.

_____ *i.* Victor piensa en Alicia todo el día.

_____ *j.* Los jóvenes llegan a la casa de Alicia.

L. Answer in Spanish:

1. ¿A qué hora termina el baile?

_____

2. ¿En qué calle vive Alicia?

_____

3. ¿A qué hora sale Victor de la casa?

_____

4. ¿Cómo es la casa de Alicia?

_____

5. ¿Por qué tiene miedo Victor?

_____

6. ¿Dónde está la chaqueta de Victor?

_____

M. _Practice in speaking Spanish._ Tell the class what Victor does after he sees Alicia's house in the light of day.

9. EL ROBOT

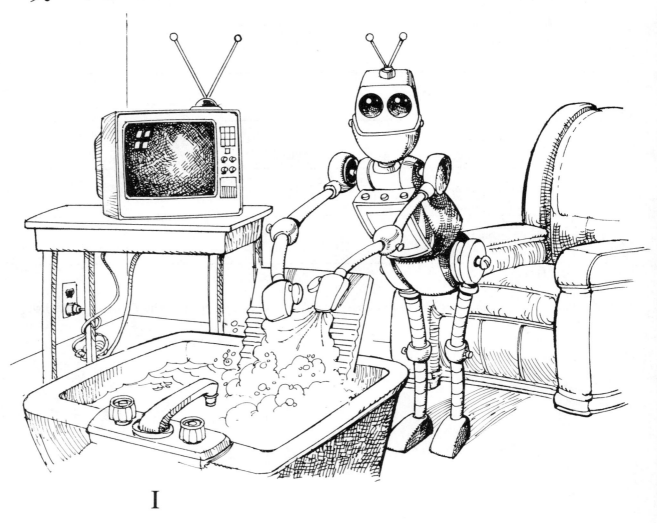

I

Soy un robot. Me llamo Roberto. Trabajo en una casa en
la calle Peregrina, en San Juan, Puerto Rico. Todos los días lavo la ropa, limpio *I clean*
la casa, planeo el menú, preparo la comida y lavo los platos. Ayer, por ejemplo, *I plan*
lavé la ropa, limpié la casa, planeé el menú, preparé la comida y lavé los platos.
Los lunes, los miércoles y los viernes voy al supermercado.

La señora de la casa es una perfeccionista. Ella programa mi computadora
con mucho cuidado. No trabajo solamente en la casa. Trabajo también en el *care*
jardín. Ayer por la mañana trabajé cinco horas en la casa, pero por la tarde
trabajé cuatro horas en el jardín.

La señora de la casa dice que soy indispensable. Si yo no estoy aquí, ¿quién
mantiene limpia y en orden la casa? ¿Quién va al supermercado? ¿Quién prepara
la limonada para los niños? ¿Quién organiza las fiestas de la familia?

Pero el trabajo de casa es monótono. Mi vida no tiene romance, no tiene
aventuras. Yo soy un robot nuevo y vigoroso. Mi sistema electrónico es el más
avanzado. Pero no quiero ser un robot doméstico toda mi vida. Tengo otras *advanced*
aspiraciones.

Casi mi única diversión es mi laboratorio. Me gusta la electrónica, y tengo   *electronics*
un laboratorio pequeño. Termino mis labores de casa a las nueve de la noche.
(Anoche terminé a las once y media.) Algunas veces miro la televisión. Después, paso la noche en mi laboratorio. Estoy muy ocupado en un proyecto se-   *busy with*
creto y muy importante. Es algo que va a librarme de mi vida de obligaciones   *free me*
y trabajo. La familia necesita un robot para limpiar, lavar, etc. Yo soy el robot.
Ahora *yo* necesito un robot para limpiar y lavar. El proyecto es. . .FABRICAR   *to manufacture*
OTRO ROBOT.

Exercises

A. *¿Cierto o falso?* Read the statement aloud. If it is false, correct it as you read.

1. Roberto trabaja solamente en la casa.
2. Roberto es un robot viejo.
3. Roberto está muy contento con su vida.
4. Roberto pasa la noche en su laboratorio.
5. Su proyecto secreto es fabricar otro robot.

B. Complete the sentences with the following adjectives. Remember that the adjective agrees in number and gender with the noun it modifies.

   a. doméstico   *b.* monótona   *c.* nuevas   *d.* pequeños

1. Los laboratorios son _____.
2. Roberto tiene una vida _____.
3. El robot _____ limpia la casa.
4. Las computadoras _____ son las más avanzadas.

C. Change the sentences from the present tense to the preterite.

    EXAMPLE: Lavo los platos todos los días.
        Lavé los platos ayer.

1. Yo termino a las diez todos los días.

   Yo _____ a las diez anoche.

2. Preparo una limonada con frecuencia.

   _____ una limonada ayer.

3. Programo la computadora los lunes y los jueves.

   _____ la computadora anteayer.

4. Siempre trabajo mucho.

   El año pasado _____ mucho.

5. Planeo mi trabajo ahora.

   _____ mi trabajo la semana pasada.

D. Answer in Spanish:

1. ¿Cómo es la señora de la casa?

_____

2. ¿Por qué no le gusta a Roberto el trabajo de casa?

_____

3. ¿Quién mantiene limpia y en orden la casa?

_____

4. ¿Cuál es la diversión principal de Roberto?

_____

5. ¿Dónde pasa la noche Roberto?

_____

6. ¿Qué va a librar a Roberto de su vida de obligaciones?

_____

E. *Practice in speaking Spanish.*

1. Tell the class what the robot does every day.
2. Explain why the robot is not happy with his life.

II

(Un mes después) Por fin, terminé mi proyecto. ¡Qué contento estoy! Mi robot, mi nueva creación, se llama Rogelio. Su diseño es perfecto, su metal es luminoso. Sus ojos son rojos y brillantes. Es simpático; le gusta la música. Y lo más importante: le gusta trabajar.   *design*

La semana pasada presenté a Rogelio a la familia. El lunes Rogelio limpió la casa. El martes Rogelio trabajó en el jardín. El miércoles Rogelio compró la comida en el supermercado. Rogelio es un aparato electrónico muy sofisticado. Él aprende rápidamente. Claro, es necesario planear y organizar sus labores. No tiene experiencia pero está muy entusiasmado. A la familia le gusta mucho el sirviente nuevo.   *apparatus/ sophisticated*   *enthusiastic*

(Tres meses después) ¡Soy feliz! Mi vida es completamente diferente. No trabajo en casa. Simplemente programo la computadora de Rogelio. Mientras Rogelio trabaja, yo leo novelas de ciencia ficción o visito a mis amigos. Es muy agradable conversar con otros robotes como yo. Algunas veces voy al teatro. Me gusta mucho el teatro. Los problemas humanos que se dramatizan allí son muy divertidos.   *are dramatized*   *amusing*

Claro, tengo mis obligaciones. La señora de la casa es una perfeccionista y la casa es mi responsabilidad. Programo a Rogelio con mucho cuidado.

Rogelio siempre limpia bien la casa. Organiza fiestas magníficas. Anoche preparó un delicioso plato de espaguetis para la familia. Rogelio ahora forma parte de la familia.   *spaghetti*

(*Seis meses después*) A veces Rogelio dice que el trabajo de casa no es interesante, que trabaja mucho y no tiene tiempo para su música. Toca la guitarra con un grupo de amigos. Dice que no tiene mucho tiempo para practicar. Yo le digo a Rogelio que su trabajo en casa es importante. Le digo que él es indispensable, que la casa no funciona si él no está aquí.

A veces Rogelio y yo vamos al cine o a un concierto. Cuando yo estoy en casa, miramos la televisión por la noche. Pero <u>últimamente</u> Rogelio no mira la televisión conmigo. Ayer <u>descubrí</u> que está trabajando hasta muy tarde en mi laboratorio. Está fabricando algo. Dice que es un proyecto secreto. . . .

lately

I discovered

Exercises

F. Complete each sentence with one of the expressions on the right:

1. Leo ⎯⎯⎯⎯⎯⎯⎯⎯⎯⎯⎯⎯⎯⎯⎯⎯⎯.

2. Programo la computadora con ⎯⎯⎯⎯⎯⎯⎯⎯.

3. Visito a ⎯⎯⎯⎯⎯⎯⎯⎯⎯⎯⎯⎯.

4. Toca ⎯⎯⎯⎯⎯⎯⎯⎯⎯⎯⎯.

5. El robot es ⎯⎯⎯⎯⎯⎯⎯⎯⎯⎯.

a. cuidado
b. indispensable
c. la guitarra
d. mis amigos
e. novelas de
     ciencia ficción

G. Each of the following sentences contains a factual mistake. Rewrite the sentences correctly.

1. Rogelio dice que no tiene tiempo para mirar la televisión.

_____

2. A Roberto no le gusta ir al teatro.

_____

3. Rogelio toca la guitarra con la familia.

_____

4. Rogelio programa a Roberto con mucho cuidado.

_____

5. Anoche Rogelio preparó un plato de espaguetis para sus amigos.

_____

H. Complete the sentence with the correct verb.

1. Anoche Rogelio _____ la comida.

   _a._ prepara   _b._ preparo   _c._ preparó

2. Ayer yo _____ el secreto.

   _a._ descubrí   _b._ descubre   _c._ descubro

3. La semana pasada yo _____ a mi amiga a mi familia.

   _a._ presentó   _b._ presento   _c._ presenté

4. Rogelio _____ la casa todos los días.

   _a._ limpié   _b._ limpio   _c._ limpia

5. Yo siempre _____ las fiestas.

   _a._ organizó   _b._ organizo   _c._ organiza

I. Complete each sentence with one of the following adjectives. Remember that the adjective agrees in number and gender with the noun it modifies.

   _a._ luminosos   _b._ magnífica   _c._ perfecto   _d._ simpáticas

1. Los ojos del robot son _____ .

2. El robot es de un diseño _____ .

3. Las señoras son _____ .

4. Es una fiesta _____ .

J. Answer in Spanish:

1. ¿Por qué está contento Roberto?

_____

2. ¿Quién limpia la casa ahora?

_____

3. ¿Quién programa la computadora de Rogelio?

_____

4. ¿Qué instrumento musical toca Rogelio?

_____

5. ¿Dónde trabaja Rogelio hasta muy tarde?

_____

6. ¿Qué está fabricando Rogelio?

_____

K. _Practice in speaking Spanish._

1. Describe Rogelio to your class.
2. Tell the class what Roberto does with his time now that he doesn't have much work to do _(mucho trabajo que hacer)_.

10. Juan Gómez, Detective

CASO NÚMERO DOS: EL PAÑUELO MANCHADO

I

Es mediodía en San Antonio, Texas. Juan Gómez está en su oficina. Tiene mucha hambre, y no tiene dinero. No tiene dinero porque no tiene clientes.

La vida de un detective joven es difícil. Ayer por la tarde Juan pagó el alquiler de su oficina. Para pagar el alquiler, Juan vendió su radio, su televisor *rent/TV set* y su pistola. Por la noche Juan comió en un restaurante pequeño. Con poco dinero comió frijoles con tortillas. Tomó agua en vez de cerveza o vino. *beans/cornmeal pancakes*

Ahora Juan está sentado a su escritorio. Está muy preocupado. De repente, alguien abre la puerta de la oficina y entra. Es un señor que tiene cuarenta años, más o menos. ¡Un cliente, por fin!

EL SEÑOR: Buenos días. ¿Es usted el señor Gómez?

JUAN: Sí, yo soy Juan Gómez.

EL SEÑOR: Mucho gusto, señor Gómez. Soy Fernando Sánchez. Pero usted es *Pleased to meet you* muy joven. Yo necesito los servicios de un detective con mucha experiencia. Mi caso es urgente y difícil.

Juan adopta una actitud de autoridad y confianza. *confidence*

JUAN: Usted puede fiarse de mí, señor Sánchez. Siéntese, por favor. ¿De *trust me/What's your* qué se trata? *problem?*

El señor Sánchez se sienta en una silla al lado del escritorio.

SR. SÁNCHEZ: Bueno. Ayer ocurrió algo horrible. Vi un homicidio, un asesi- *murder* nato. Tengo mucho miedo.

JUAN: *(en un tono profesional)* Sr. Sánchez, necesito saber todos los detalles del caso.

SR. SÁNCHEZ: Muy bien. Anoche salí de mi casa a las diez para dar un paseo. *take a stroll* A esa hora el aire está fresco y no hace calor. Vi a un hombre salir de una casa. Vi la cara muy agitada del hombre. Él salió *agitated* rápidamente de la casa y se escapó en su coche. Miré por la ventana de la casa. Vi un cadáver en el suelo con la cabeza *corpse* cubierta de sangre. *covered*

JUAN: Es sin duda una experiencia desagradable, Sr. Sánchez. Pero *undoubtedly* ¿por qué tiene usted miedo? ¿Por qué necesita usted a un detective?

SR. SÁNCHEZ: Porque cuando el asesino salió de la casa, me miró directamente *murderer* a la cara. Me miró con una expresión cruel y diabólica. Ahora me conoce.

JUAN: ¿Por qué no fue usted a la policía?

SR.SÁNCHEZ: Si voy a la policía, mi nombre va a aparecer en los periódicos. No quiero la publicidad. También los asesinos leen los periódicos.

JUAN: ¿Y usted quiere que yo. . .?

SR. SÁNCHEZ: Exactamente. ¡Protéjame del asesino, Sr. Gómez! Estoy seguro de que me busca. Soy el único testigo. . . *protect me* / *witness*

JUAN: Yo no sé. . . . Es un trabajo difícil y peligroso si no sabemos quién es. ¿Tiene usted alguna evidencia sobre la identidad del asesino? *dangerous*

El Sr. Sánchez pone algo encima del escritorio. Es un pañuelo. *handkerchief*

SR. SÁNCHEZ: Cuando el criminal salió en su coche, vi este pañuelo en la calle. Es del asesino. ¿Acepta usted el caso o no?

Juan mira el pañuelo. Es difícil concentrarse cuando el estómago está vacío. Pero si Juan resuelve el caso, va a tener dinero. Va a comer tacos con salsa mexicana, enchiladas verdes, tamales. . . . Juan se imagina en su restaurante favorito, sentado delante de un plato lleno de comida. *empty* / *sauce* / *full*

JUAN: Acepto el caso, Sr. Sánchez.

Exercises

A. Complete the sentence by choosing the correct expression on the right.

1. La vida de un detective joven es ——————————————.   *a.* preocupado

2. Juan pagó ——————————————————.   *b.* el alquiler

3. Adopta una actitud ——————————————.   *c.* vacío

4. El estómago está ———————————————.   *d.* difícil

5. Si Juan resuelve el caso, ————————————.   *e.* de confianza

                                                       f. va a tener dinero

B. Complete the sentences using the following words:

a. abre	*c.* hambre	*e.* oficina	*g.* urgente
b. acepta	*d.* miedo	*f.* preocupado	

Juan Gómez está en su ——————— $_1$. Está ——————— $_2$ y tiene mucha ——————— $_3$.
Un cliente ——————— $_4$ la puerta y entra. Su caso es ——————— $_5$.
El Sr. Sánchez tiene ——————— $_6$ porque el criminal lo conoce. Juan ——————— $_7$ el
caso.

C. *¿Cierto o falso?* Read the statement aloud. If it is false, correct it as you read.

1. Juan vendió su pistola.
2. El Sr. Sánchez tiene veinte años.
3. Ahora el asesino conoce a Juan.
4. Juan se imagina un plato lleno de comida.
5. La cabeza del cadáver está cubierta de salsa.

D. Answer in Spanish:

1. ¿Cuándo pagó Juan el alquiler de su oficina?

————————————————————————————

2. ¿Qué vendió Juan para pagar el alquiler?

————————————————————————————

3. ¿Qué comió Juan anoche?

————————————————————————————

4. ¿Cómo se llama el hombre que abre la puerta de la oficina?

————————————————————————————

5. ¿Qué vio el Sr. Sánchez ayer?

————————————————————————————

6. ¿Qué pone el Sr. Sánchez encima del escritorio?

————————————————————————————

E. Describe in Spanish what Juan imagines as he looks at the handkerchief.

_____

_____

_____

F. *Practice in speaking Spanish.* Tell the class:

1. how Juan got the money to pay his office rent
2. what Juan had for dinner the night before
3. what Mr. Sánchez saw when he went for a walk last night

II

JUAN:	¿Está usted seguro de que el pañuelo es del asesino?
SR. SÁNCHEZ:	Es muy probable.
JUAN:	Bueno. ¿Puede usted describir al criminal?
SR. SÁNCHEZ:	Muy bien. Es un hombre alto con el pelo negro y largo. Todo pasó muy rápido. No recuerdo más.

happened

Juan examina el pañuelo y ve una mancha roja. ¿Sería sangre?

stain/Could it be. . . ?

JUAN:	Sr. Sánchez, con este pañuelo es posible descubrir quién es el asesino. ¿Ve usted esta sustancia roja en el pañuelo?
SR. SÁNCHEZ:	Sí, es sangre. ¡Qué horrible!
JUAN:	No, señor. No es sangre. Es. . . ¡salsa mexicana!
SR. SÁNCHEZ:	¿Salsa mexicana? ¿Cómo puede ser salsa mexicana?
JUAN:	Hablo de una salsa que comen con los tacos. Como usted sabe, hay muchas clases de salsa. Hay salsa verde, salsa ranchera, salsa. . .

many kinds

SR. SÁNCHEZ:	Pero usted está loco. ¿Cómo sabe usted que es salsa mexicana sin hacer un análisis químico?

chemical

JUAN:	Estoy seguro. Soy experto en comida mexicana y sé que la sustancia es salsa. Y sé también que viene del restaurante Río Lindo en la calle de Hidalgo.

I know

SR. SÁNCHEZ:	Pero hay muchos restaurantes mexicanos en San Antonio.
JUAN:	El Río Lindo es el único restaurante en San Antonio que prepara una salsa tan roja. Es deliciosa. ¿Tiene usted hambre? Ya es la una. Vamos a comer en el Río Lindo.

It's already one o'clock.

El Sr. Sánchez no sabe qué hacer. Está convencido de que Juan Gómez está completamente loco, pero va con el detective al restaurante.

convinced

Exercises

G. Complete the sentences using the following words:

a. comida	*c.* mancha	*e.* sangre
b. loco	*d.* salsa	*f.* viene

1. Juan Gómez dice que es un experto en la _____ mexicana.

2. Juan ve una _____ roja en el pañuelo.

3. Juan dice que la sustancia roja es _____.

4. Según Juan, la salsa _____ del restaurante Río Lindo.

5. El Sr. Sánchez está convencido de que Juan está _____.

H. *¿Cierto o falso?* Read the statement aloud. If it is false, correct it as you read.

1. El Sr. Sánchez cree que el pañuelo es del asesino.
2. Juan está seguro de que la sustancia roja es salsa mexicana.
3. Juan ve una mancha verde en el pañuelo.
4. No hay muchos restaurantes mexicanos en San Antonio.
5. Juan y el Sr. Sánchez van a comer en el Río Lindo.

I. In what order does Juan do the following?—

_____ *a.* Dice que es salsa mexicana.

_____ *b.* Mira el pañuelo.

_____ *c.* Va al restaurante Río Lindo.

_____ *d.* Ve una mancha roja.

J. Answer in Spanish:

1. ¿Cómo es el asesino?

_____

2. ¿Qué ve Juan en el pañuelo?

_____

3. ¿Qué es salsa mexicana?

_____

4. ¿Cómo es la salsa del Río Lindo?

_____

K. *Practice in speaking Spanish.* Tell what Juan knows about the red substance and how he knows it.

III

Media hora después, Juan y el Sr. Sánchez están sentados en el restaurante. Tienen platos de tacos y enchiladas. Hay también un plato pequeño en la mesa. Contiene una salsa muy roja. Juan come con mucho apetito, pero el Sr. Sánchez come muy poco.

JUAN: ¿No tiene usted hambre, Sr. Sánchez? Esta salsa es muy <u>sabrosa</u>. Aquí preparan la mejor salsa mexicana de toda la ciudad de San Antonio.   *tasty, delicious*

Juan <u>saca</u> del bolsillo el pañuelo <u>manchado</u> y compara la sustancia roja del pañuelo con la salsa que está en el plato pequeño.   *takes out/stained*

JUAN: ¿No quiere usted un poco de salsa con los tacos?
SR. SÁNCHEZ: No, no, gracias. No tengo hambre.

Juan termina de comer. Está muy contento. Ya no tiene hambre. ¡Qué bueno es tener el estómago lleno! Pero el Sr. Sánchez no come nada. Viene la <u>camarera</u> a la mesa.   *waitress*

JUAN: Muy buena comida, señorita. Esta salsa es excelente. ¿Trabaja usted aquí por la noche?

CAMARERA: Sí, trabajo aquí de lunes a viernes en la tarde y en la noche.

JUAN: ¿Trabajó usted aquí anoche?

CAMARERA: Sí.

JUAN: ¿Conoce usted a los clientes del restaurante?

CAMARERA: Sí. Conozco a <u>los que</u> comen aquí <u>con frecuencia</u>.   *those who/frequently*

JUAN: ¿Conoce usted a un señor muy alto, con el pelo negro y largo?

CAMARERA: Sí. Es una persona muy <u>rara</u>. El señor comió aquí anoche.   *strange*

JUAN: ¿Sabe usted su nombre?

CAMARERA: No, no sé su nombre, pero come aquí <u>muchas veces</u>. Vive en   *often*
una casa cerca del restaurante. Ustedes pueden ver la casa desde esta ventana.

Juan y su cliente miran por la ventana. La camarera <u>indica con el dedo</u> una   *points to*
casa vieja que está <u>a través de</u> la calle.   *across*

CAMARERA: Allí está.

JUAN: Gracias por la información, señorita.

El Sr. Sánchez <u>paga la cuenta</u> y deja una <u>propina</u> generosa. Los dos señores   *pays the check/tip*
salen del restaurante y van a la estación de policía. Explican el caso al <u>jefe</u> de   *chief*
policía. Después, unos policías van a la casa del asesino y capturan al criminal.

<u>Al día siguiente</u>, Juan y el Sr. Sánchez están en la oficina del detective.   *on the following day*
Juan está contento porque tiene dinero para comer por mucho tiempo. El Sr.
Sánchez está contento también porque la policía capturó al asesino.

SR. SÁNCHEZ: Sr. Gómez, muchas gracias por todo. Usted es un detective excelente. Conozco un restaurante italiano muy bueno que está
cerca de aquí. Se llama «Luigi's». Ayer no comí nada. Por eso,
tengo mucha hambre. Vamos a «Luigi's» para celebrar.

JUAN: Gracias, Sr. Sánchez. Acepto la invitación. Me gusta la comida
italiana.

* * * * * * * * *

Los dos hombres están sentados a una mesa en el restaurante «Luigi's». <u>Ya</u>   *they have already*
<u>han comido</u>, y ahora esperan al camarero. De repente, el Sr. Sánchez nota un   *eaten*
pañuelo que está en el suelo debajo de la mesa. <u>Lo recoge</u>. Tiene una mancha   *He picks it up.*
roja. El Sr. Sánchez muestra el pañuelo al detective y dice: —¡Aha! ¡Esta vez
es salsa *italiana!*

Juan examina el pañuelo y dice: —No, señor, esta vez es una mancha de
sangre. Pero <u>¿de quién?</u>   *whose?*

En este momento, una dama elegante entra en el restaurante y <u>se acerca a</u>   *comes up to*
los dos señores.

—Dispensen ustedes —dice la dama—, yo estaba sentada a esta mesa antes
de ustedes, y creo que <u>perdí</u> mi pañuelo <u>por aquí</u>.   *I lost/around here*

Juan se levanta y <u>le muestra</u> el pañuelo. —¿Es éste el pañuelo que usted   *shows her*
busca, señora?

—¡Ah, sí! —contesta la dama. —Muchas gracias.

—Un momento, señora —dice Juan—. ¿Puede usted explicar esta mancha de sangre?

La dama lo mire con enojo. —¿Qué sangre? ¡Esto es rojo de labios, idiota! *with annoyance/ lipstick*

La dama mete el pañuelo en su bolso y sale. *puts/purse*

El detective mira al Sr. Sánchez y se encoge de hombros. —Pues, ¿qué quiere? Nadie es perfecto. *shrugs his shoulders*

El Sr. Sánchez se ríe. —¡Usted es un mejor detective cuando tiene hambre!

Exercises

L. Complete the sentences using the following words:

a. camarera	*c*. contiene	*e*. lleno	*g*. nada
b. compara	*d*. desde	*f*. mejor	

1. Juan _____ la sustancia roja con la salsa.

2. Juan tiene el estómago _____.

3. El Sr. Sánchez no come _____.

4. La _____ viene a la mesa.

5. Pueden ver la casa del asesino _____ la ventana.

6. Juan es un _____ detective cuando tiene hambre.

M. To the left of each word in column *A*, write the letter of the word or expression in column *B* that has . . .

the *opposite* meaning:

	A		B
_____	1. lleno	*a*.	contento
_____	2. preocupado	*b*.	viene
_____	3. termina	*c*.	vacío
_____	4. va	*d*.	sale
_____	5. todo	*e*.	nada
_____	6. entra	*f*.	comienza

a *similar* or *related* meaning:

	A		B
_____	7. apetito	*a*.	criminal
_____	8. examina	*b*.	mira
_____	9. paga	*c*.	señorita que sirve la mesa
_____	10. asesino	*d*.	hambre
_____	11. camarera	*e*.	compra

N. Answer in Spanish:

1. ¿Qué contiene el plato pequeño?

_____

2. ¿Cuándo trabaja la camarera?

_____

3. ¿Conoce la camarera al asesino?

_____

4. ¿Quién paga?

_____

5. ¿Por qué está contento al fin el Sr. Sánchez?

_____

6. ¿Adónde van Juan y el Sr. Sánchez para celebrar?

_____

7. Según el Sr. Sánchez, ¿cuándo trabaja mejor Juan?

_____

O. _Practice in speaking Spanish._ Tell the class the name of your favorite restaurant and describe the food served there, using some of the words from the story. For example: _delicioso(-a), sabroso(-a), excelente, bueno(-a), el (la) mejor._

11. EL ORIGEN DE LOS AZTECAS

En 1519 Hernán Cortés, el conquistador español, llegó con sus soldados a la gran capital de los aztecas en México. Cortés vio una ciudad enorme en medio de un lago, con grandes casas, plazas, pirámides y templos pintados de colores brillantes.

Dos años más tarde Cortés y sus soldados conquistaron y destruyeron por completo la ciudad. La civilización azteca desapareció para siempre.

Sabemos mucho sobre los aztecas. Hay documentos sobre su historia y sus leyendas. Tenemos estatuas de sus dioses. Ahora muchos turistas visitan las ruinas de sus pirámides.

Hay varios mitos sobre el origen de los aztecas. Esta historia es uno de los mitos que explica la fundación de la capital azteca.

conqueror/soldiers

lake

forever

legends/gods

myths

founding

71

EL MITO

I

La historia empieza en el norte de México, en un lugar muy hermoso: una isla <u>en medio de</u> un lago. La isla se llama Aztlán. Los <u>antepasados</u> de los aztecas viven en una <u>cueva</u> en la isla. Estos indios viven felices. El aire es puro y fresco. El lago es agradable. Para comer hay <u>maíz</u>, tomates, chiles, frijoles, <u>aves</u> y serpientes.

in the middle of
ancestors/cave
corn
birds

El dios principal de los aztecas se llama Huitzilopochtli. Cuando Huitzilopochtli habla, los aztecas <u>obedecen</u>.

obey

Un día, el dios Huitzilopochtli dice: «<u>Pueblo mío</u>, ustedes tienen que salir de Aztlán. <u>Al sur</u> hay un lugar que les voy a indicar a ustedes. En ese lugar hay lagos hermosos. Las aguas de los lagos son cristalinas y reflejan el azul del <u>cielo</u>. En uno de los lagos hay una isla que tiene una <u>piedra</u>. Sobre la piedra hay un <u>nopal</u>. Sobre el nopal hay un <u>águila</u> que devora una serpiente. En ese lugar ustedes van a construir una gran ciudad. En la ciudad ustedes van a ser <u>poderosos</u>, ricos y felices.»

my people
to the south

sky/rock
cactus/eagle

powerful

Los aztecas obedecen a Huitzilopochtli y salen de Aztlán.

Exercises

A. Match each word in the first column with the related word in the second column.

_____	1. Cortés	*a.* cacto
_____	2. Huitzilopochtli	*b.* roca
_____	3. Aztlán	*c.* ave
_____	4. mito	*d.* dios
_____	5. piedra	*e.* leyenda
_____	6. nopal	*f.* conquistador
_____	7. águila	*g.* lugar

B. Complete each sentence with one of the following expressions:

a. cristalinas
b. en el norte
c. la capital de los aztecas
d. las ruinas
e. los aztecas obedecen

1. Los españoles destruyeron _____.
2. Muchos turistas visitan _____.
3. La historia empieza _____.
4. Las aguas de los lagos son _____.
5. Cuando Huitzilopochtli habla, _____.

C. Draw a picture of the following scene:

En una isla hay una piedra. Sobre la piedra hay un nopal. Sobre el nopal hay un águila que devora una serpiente.

D. Number the following events in the order of their occurrence:

_____ 1. La civilización azteca desapareció.

_____ 2. Cortés y sus soldados destruyeron la capital.

_____ 3. Cortés vio una ciudad enorme.

_____ 4. Muchos turistas visitan las ruinas.

E. Number the following mythical events in the order in which they occurred:

_____ 1. Los indios salen de Aztlán.

_____ 2. Huitzilopochtli habla.

_____ 3. Los indios viven en Aztlán.

F. Answer in Spanish:

1. ¿Quiénes conquistaron a los aztecas?

_____

2. ¿Dónde empieza el mito?

_____

3. ¿Qué comen los aztecas en Aztlán?

_____

4. ¿Cómo se llama el dios principal de los aztecas?

_____

5. ¿Por qué salen de Aztlán los aztecas?

_____

G. _Practice in speaking Spanish._

1. Describe Aztlán to your class.
2. Describe the place that Huitzilopochtli indicates to the Aztecs.

II

Los aztecas viajan hacia el sur por muchos años. Tienen muchas aventuras. Durante el largo viaje, los aztecas cambian algunas de sus costumbres primitivas. En lugar del sacrificio de animales, adoptan el sacrificio de víctimas humanas—porque Huitzilopochtli prefiere ahora la sangre de los seres humanos. _human beings_

El dios Huitzilopochtli guía a los aztecas por muchos años. El camino de los aztecas es peligroso porque hay muchas tribus enemigas. Los aztecas deben pelear constantemente con otras tribus. _guides_ / _tribes_ / _to fight_

Pasa mucho tiempo. Un día, los aztecas ven un nopal grande en una isla. Sobre el nopal hay un águila. El águila baja la cabeza en dirección a los aztecas. Los indios saben ahora que éste es el lugar prometido. Están tan contentos que empiezan a llorar de felicidad. _weep, cry_

Al día siguiente, los aztecas empiezan a construir un templo pequeño para dar gracias a su dios Huitzilopochtli. Luego construyen también las casas en que van a vivir.

Los aztecas trabajan mucho. Poco a poco construyen templos cada vez más grandes. Construyen la ciudad de Tenochtitlán en la isla. En Tenochtitlán, los aztecas llegan a ser la tribu más poderosa y más rica de la región. _little by little/bigger and bigger_ / _become, get to be_

Éste es uno de los mitos del origen de la gran capital de los aztecas. Es la ciudad magnífica que Cortés encontró cuando llegó a México doscientos años más tarde.

Exercises

H. Complete the sentences using the following words:

a. águila	*c*. peligroso	*e*. sobre	*g*. Tenochtitlán
b. costumbres	*d*. sangre	*f*. sur	*h*. tribus

1. Los aztecas viajan hacia el _____.

2. Cambian algunas de sus _____ primitivas.

3. Huitzilopochtli prefiere ahora la _____ de seres humanos.

4. Los aztecas pelean constantemente con otras _____.

5. _____ el nopal hay un águila.

6. El _____ baja la cabeza en dirección a los aztecas.

7. La capital de los aztecas se llama _____.

I. *¿Cierto o falso?* Read the statement aloud. If it is false, correct it as you read.

1. Huitzilopochtli está más contento con la sangre de animales.
2. El camino de los aztecas es peligroso.
3. Empiezan a llorar porque están tristes.
4. El nopal está sobre el águila.
5. Construyen Tenochtitlán en una isla.

J. Answer in Spanish:

1. ¿Por qué adoptan los aztecas el sacrificio de víctimas humanas?

_____

2. ¿Por qué es peligroso el camino de los aztecas?

_____

3. ¿Dónde está el águila que baja la cabeza en dirección a los aztecas?

_____

4. ¿Por qué empiezan a llorar los aztecas?

_____

5. ¿Cuándo empiezan a construir un templo?

_____

K. *Practice in speaking Spanish.* Tell the class what the Aztecs see on the island.

12. La Virgen de Guadalupe

Cuando los españoles llegaron al Nuevo Mundo, <u>predicaron</u> la existencia de un Dios único. Hablaron de un Dios que amaba a los indios <u>igual que</u> a los españoles. Muchos indios <u>se convirtieron</u> entonces al cristianismo. La <u>fe</u> profunda de estos nuevos cristianos inspiró la leyenda siguiente, que relata cómo la Virgen de Guadalupe llegó a ser la <u>santa patrona</u> de México.

preached
as much as
were converted/faith
patron saint

LA LEYENDA

I

En el pueblo de Cuauhtitlán en México vive un indio llamado Juan Diego. Cuauhtitlán está cerca de donde está hoy la ciudad de México. Juan vive contento con su esposa en el pueblo. Un día llegan unos <u>frailes</u> españoles al pueblo y predican a los indios. Juan Diego acepta la religión cristiana. Todas las semanas Juan va a <u>misa</u> en la <u>Iglesia</u> de Santiago. La iglesia

friars

mass/church

está lejos de donde viven, pero los indios están acostumbrados a caminar largas distancias.

El nueve de diciembre de 1531, Juan Diego sale muy temprano para la iglesia. En el camino, en un lugar llamado Tepeyac, el indio oye el sonido de música. Muy confuso, mira hacia un <u>cerro</u> que está <u>cerca</u>. Ve una luz brillante. En este momento oye la <u>dulce</u> voz de una mujer. La voz repite el nombre de Juan Diego. Cuando el indio llega al cerro ve a una señora india. La señora <u>brilla</u> con una luz espléndida.   *hill/nearby*   *sweet*   *shines*

Ella le dice: —Mi hijo, yo soy la Madre de Dios.

Al oír esto, Juan Diego <u>cae de rodillas</u>.   *falls to his knees*

—Tengo un <u>mensaje</u> importante para el <u>Obispo</u> de México —dice la Señora—. Deseo demostrar mi amor a todos los indios. Deseo hacer construir una iglesia aquí en Tepeyac. Lleva el mensaje al Obispo y dile que debe construir la iglesia inmediatamente.   *message/Bishop*

Exercises

A. Complete the sentence with the correct expression.

1. Juan Diego es _____.

   a. indio   *b*. obispo   *c*. santa

2. Cuauhtitlán es _____.

   a. un cerro   *b*. una luz   *c*. un pueblo

3. La iglesia está _____ de la casa de Juan Diego.

   a. cerca   *b*. lejos   *c*. al lado

4. La voz es _____.

   a. fea   *b*. dulce   *c*. brillante

5. La Señora desea _____.

   a. una misa   *b*. una santa   *c*. una iglesia

6. Juan oye _____.

   a. un sonido   *b*. una luz   *c*. un camino

B. Arrange the words to form a sentence.

1. indios / cristianismo / al / muchos / se convirtieron

   _____

2. va / en / misa / iglesia / la / a / Juan

   _____

3. hacia / cerro / Juan / un / mira

_____

4. ve / brillante / luz / una

_____

5. a / india / ve / señora / una

_____

C. Complete the sentences using the following words:

_a._ Cuauhtitlán	_c._ frailes	_e._ lejos	_g._ Obispo	_i._ religión
_b._ Dios	_d._ iglesia	_f._ misa	_h._ pueblo	_j._ Tepeyac

1. Juan Diego vive en _____.

2. Cuauhtitlán es un _____.

3. Unos _____ españoles hablan a los indios.

4. Juan Diego acepta la _____ cristiana.

5. Todas las semanas Juan va a _____.

6. La Iglesia de Santiago está _____ de donde vive Juan Diego.

7. El indio ve a una señora india en un cerro en _____.

8. La Señora dice que ella es la Madre de _____.

9. La Señora quiere hacer construir una _____ en Tepeyac.

10. Juan tiene que llevar el mensaje al _____ de México.

D. Answer in Spanish:

1. ¿De qué hablan los frailes?

_____

2. ¿Qué oye Juan en el camino?

_____

3. ¿Qué ve Juan?

_____

4. ¿Quién es la señora india?

_____

5. ¿Qué desea la Señora?

_____

E. _Practice in speaking Spanish._ Tell the class what happens to Juan Diego in Tepeyac.

II

Juan Diego va <u>humildemente</u> a la casa del Obispo. El patio *humbly*
está lleno de indios y españoles que quieren pedir favores a su Excelencia. Juan
espera todo el día en el patio y finalmente tiene una audiencia con el Obispo.

—¿Qué quieres de nosotros, hijo mío? —pregunta el Obispo.

—Esta mañana, en el cerro de Tepeyac, hablé con la Madre de Dios —dice
Juan.

Todas las personas presentes empiezan a <u>reírse</u>. El Obispo levanta la mano *laugh*
y la gente <u>se calla</u>. *fall silent*

—Tengo el honor de decirle a su Excelencia que la Señora quiere hacer
construir una iglesia en el cerro —afirma Juan Diego.

El Obispo está impresionado y le hace muchas preguntas a Juan, pero duda
de la verdad de la aparición.

—Tienes que regresar más tarde y repetir todos los detalles de tu experiencia con la Señora.

Juan Diego sale muy triste. Cuando llega al cerro de Tepeyac, la Señora
está esperando. El indio <u>inclina la cabeza</u>. Le dice a la Señora que ella necesita *bows his head*
a una persona importante para llevar su mensaje en vez de un hombre pobre e
ignorante como él. Pero la Señora contesta:

—Mi hijo, tú eres el que necesito para llevar el mensaje. <u>Vuelve a ver al
Obispo</u> mañana. Dile otra vez que él debe hacer construir una iglesia aquí. *see the Bishop again*

Juan regresa a su casa. Muy temprano en la mañana sale otra vez para la
Iglesia de Santiago. Otra vez espera en el patio de la casa donde vive el Obispo.
Otra vez contesta las preguntas del religioso. Por fin el Obispo dice que necesita
una <u>señal</u>. Quiere estar seguro que la Señora es realmente la Madre de Dios. *sign*

Juan regresa al cerro del Tepeyac para hablar con la Señora. Ella sólo <u>sonríe</u> *smiles*
cuando Juan Diego le dice que el Obispo quiere una señal. Ella dice que mañana
va a darle la señal que necesita.

Muy contento, Juan Diego regresa a su casa. Cuando llega a su pueblo, sus
vecinos le dicen que su tío está enfermo. Juan va inmediatamente a la casa de
su tío. Es evidente que la enfermedad es grave. Juan pasa la noche con su tío y
trata de curarlo con los remedios antiguos de los aztecas. Su tío <u>no se mejora</u>, *doesn't get better*
y parece seguro que va a morir.

Exercises

F. Complete the paragraph by using the following words:

a. espera   *c*. humildemente   *e*.Obispo
b. favores   *d*. lleno   *f*. señal

Juan Diego va _____ a la casa del Obispo. El patio está _____
 1   2
de indios y españoles que quieren pedir _____ al Obispo. Juan _____
                                           3   4
todo el día y finalmente tiene una audiencia con el _____.
                                                       5

G. Find synonyms for the words in italics, using the following list:

a. cesa de hablar   c. mucha gente   e. seria
b. desea   d. no está seguro f. volver

_____ 1. El Obispo *quiere* una señal.

_____ 2. Hay *muchas personas* en el patio.

_____ 3. El Obispo *duda* de la verdad de la aparición.

_____ 4. La enfermedad es *grave*.

_____ 5. Juan tiene que *regresar* más tarde.

_____ 6. El Obispo levanta la mano y la gente *se calla*.

H. Each of the following sentences contains a factual mistake. Rewrite the sentences correctly.

1. Juan espera toda la semana en el patio.

_____

2. El patio está lleno de frailes.

_____

3. El Obispo levanta la mano y la gente empieza a reírse.

_____

4. Juan sale muy enfermo de la casa del Obispo.

_____

5. Parece seguro que su tío va a construir una iglesia.

_____

I. Number the following events in the order in which they occur in the story:

_____ a. Juan dice que habló con la Madre de Dios.

_____ b. Juan espera en el patio del Obispo.

_____ c. El Obispo duda de la verdad de la aparición.

_____ d. Juan Diego sale muy triste.

_____ e. Tiene una audiencia con el Obispo.

_____ f. Todos empiezan a reírse.

J. Answer in Spanish:

1. ¿Qué mensaje le da Juan Diego al Obispo?

_____

2. ¿Por qué está triste Juan Diego cuando sale de la casa del Obispo?

_____

3. ¿Qué hace la Señora cuando Juan Diego le dice que el Obispo quiere una señal?

_____

4. ¿Cómo está el tío de Juan Diego?

_____

5. ¿Cómo trata de curar a su tío?

_____

K. *Practice in speaking Spanish.* Tell the class what happened to Juan's uncle and tell how Juan tries to help him.

III

En la mañana del doce de diciembre, Juan Diego sale para la Iglesia de Santiago. Esta vez, va <u>en busca de</u> un fraile para darle <u>las últimas</u> <u>bendiciones</u> a su tío. Está tan preocupado que no recuerda la promesa que hizo a la Señora. Cuando llega a Tepeyac, la Señora está esperando. *in search of/extreme unction (last rites)*

—¿Adónde vas? —pregunta ella.

Juan dice que su tío está enfermo y que va en busca de un fraile para él.

Dice la Señora: —Hijo mío, yo no abandono a los que amo tanto. Tu tío no va a morir de esta enfermedad. Ahora ya está curado.

Juan Diego cree en las palabras de la Señora y no se preocupa más.

Juan le pregunta a la Señora si tiene una señal para el Obispo. La Señora le da instrucciones: Juan tiene que <u>subir el cerro</u> y cortar las rosas que va a encontrar allí; tiene que poner las rosas en su <u>tilma</u>. *climb the hill* *cloak*

Juan sabe que las rosas no <u>crecen</u> en el invierno, pero sube el cerro lo más rápido posible. Allí ve un jardín hermoso con <u>cientos</u> de rosas fragantes. El indio llena su tilma con las rosas y la Señora <u>arregla</u> las rosas en la tilma. La Señora dice que ésta es la señal que pide el Obispo. *grow* *hundreds* *arranges*

Por la tercera vez Juan va a ver al Obispo. Con mucha paciencia el noble indio espera. Por fin Juan llega ante el Obispo y anuncia que tiene la señal de <u>la Virgen</u>. En ese momento extiende su tilma y las rosas caen al suelo. <u>De</u> <u>pronto</u>, en señal de admiración y respeto, el Obispo y todas las personas presentes <u>se arrodillan</u>. Juan ve que no están mirando las rosas. Todos están mirando su tilma. Juan mira la tilma y ve que en las fibras de su humilde <u>manta</u> está <u>impresa</u> la imagen de la Virgen. Todos entienden que la aparición de la imagen es un <u>milagro</u>. *Virgin Mary* *immediately* *kneel* *cloak* *imprinted* *miracle*

En su pueblo de Cuauhtitlán, Juan va a visitar a su tío. El viejo está curado y dice que una señora hermosa apareció de repente cerca de su cama mientras estaba enfermo. La señora curó al tío y le dio un mensaje. Ella dijo: «Yo soy la Señora María de Guadalupe. Quiero hacer construir una iglesia en el cerro de Tepeyac para demostrar mi amor por los indios.» Juan Diego sabe que la Señora María de Guadalupe es la Madre de Dios.

Años más tarde, al pie del cerro de Tepeyac la gente construye una iglesia magnífica. Ponen la imagen milagrosa en el altar principal de la iglesia.

Hoy día millones de personas van a ver la imagen de la Virgen. Van a <u>rezar</u>   *nowadays/pray* ante la imagen de la dama llamada por los mexicanos Nuestra Señora de Guadalupe, la Santa Patrona de México.

Exercises

L. Correct the sentence by replacing the word in italics with its *antonym,* to be chosen from the following list:

a. arrodillan	*d.* cree en	*g.* noble
b. cortar	*e.* curado	*h.* preocupado
c. crecen	*f.* hermosa	*i.* suelo

In the blank on the left, write the letter of the antonym you have chosen. Then read the corrected sentence aloud.

_____ 1. Juan Diego *duda* las palabras de la Señora.

_____ 2. El tío ya está *enfermo*.

_____ 3. Está tan *contento* que no recuerda la promesa.

_____ 4. Juan tiene que subir el cerro y *plantar* las rosas.

_____ 5. Juan sabe que las rosas no *mueren* en el invierno.

_____ 6. Con mucha paciencia el *humilde* indio espera.

_____ 7. Las rosas caen al *cielo*.

_____ 8. El Obispo y todas las personas presentes se *levantan*.

_____ 9. Una señora *fea* apareció cerca de su cama.

M. Complete the sentence by choosing the correct expression on the right.

1. La Señora no abandona a _____ .   *a.* las rosas

2. Juan le pregunta a la Señora _____ .   *b.* los que ama tanto

3. Juan tiene que _____ .   *c.* una iglesia

4. El indio llena _____ .   *d.* subir el cerro

5. La Señora arregla _____ .   *e.* su tilma

6. La aparición es _____ .   *f.* un milagro

7. La gente construye _____ .   *g.* si tiene una señal

8. Van a rezar _____ .   *h.* a la Virgen de Guadalupe

N. Write in Spanish:

1. A beautiful lady appeared near his bed while he was ill.

_____

2. The lady cured the uncle and gave him a message.

_____

3. "I want to have a church built to show my love for the Indians."

_____

4. The people build a magnificent church.

_____

5. Nowadays millions of people go to see the miraculous image.

_____

O. Answer in Spanish:

1. ¿Por qué no recuerda Juan la promesa que hizo a la Señora?

_____

2. ¿Por qué no se preocupa más Juan?

_____

3. ¿Dónde tiene que poner las rosas?

_____

4. ¿Qué ven en las fibras de la tilma?

_____

5. ¿Qué ponen en el altar principal de la iglesia?

_____

P. *Practice in speaking Spanish.* Tell the class what Juan has to do to obtain the sign that the Bishop requires.

13. El Cid Campeador

I

Los moros* invadieron a España en el año 711. Se quedaron en España hasta el año 1492. Para reconquistar el país a los musulmanes, los cristianos tuvieron que pelear por casi ocho siglos. *(they remained / from the Moslems / centuries)*

En el siglo once, Rodrigo Díaz de Vivar (1040–1099) se distinguió por su heroísmo y sus muchas victorias sobre los moros. Rodrigo peleaba contra los moros al servicio del rey Alfonso de Castilla. Usaba su espada para defender el cristianismo, el honor y la justicia.† Los moros le dieron a Rodrigo el título de *Cid,* que significa «señor» en árabe. Por su gran bravura en las batallas, los cristianos lo llamaban el Campeador. *(king/sword / lord / champion)*

---

*Moors. These invaders came from Morocco, in North Africa.

†This paragraph describes the *legendary* Cid. The Cid of *history* had a more complex career. He was often a "sword for hire," ready to serve any ruler who paid him enough. For instance, he spent many years fighting for Moorish kings—sometimes against Christian armies!

El Cid Campeador es considerado el héroe nacional de España. El Cid es el español ideal: religioso, valiente, justo, moderado, generoso, buen esposo y padre.

EL POEMA DEL CID

La literatura española empieza con *El poema de mío Cid,* que <u>fue escrito</u>   *was written*
por uno o dos poetas <u>anónimos</u> hacia el año 1140. El poema se compone de   *anonymous, unknown*
3.730 versos y es una combinación de historia y leyenda. Es una <u>obra</u> clásica   *work*
de la literatura española. El poema está dividido en secciones llamadas *cantares.*

Exercises

A. Complete the sentence with the correct year, chosen from the following:

a. 1492   *b.* 711   *c.* 1040   *d.* 1099   *e.* 1140

1. Los moros invadieron a España en _____.

2. El poema fue escrito hacia el año _____.

3. Los moros se quedaron en España hasta _____.

4. El Cid nació (was born) en _____.

B. Complete the sentences using the following words:

a. Alfonso   *c.* espada   *e.* moros
b. cristianos   *d.* leyenda   *f.* victorias

1. Los _____ invadieron a España en el año 711.

2. Durante ocho siglos los _____ pelearon para reconquistar a España.

3. Rodrigo se distinguió por sus _____ sobre los moros.

4. _____ fue el rey de Castilla.

5. El poema es una combinación de historia y _____.

C. Complete the sentence with the correct word or expression.

1. Los cristianos pelearon contra los _____.
   a. héroes   *b.* anónimos   *c.* siglos   *d.* moros

2. El título «Cid» significa _____.
   a. árabe   *b.* bravura   *c.* señor   *d.* moro

3. Rodrigo Díaz de Vivar es considerado el _____ nacional de España.
   a. rey   *b.* obra   *c.* héroe   *d.* poeta

4. *El poema de mío Cid* fue escrito por _____.
   a. Rodrigo   *b.* poetas anónimos   *c.* los moros   *d.* Alfonso

D. Answer in Spanish:

1. ¿Por cuánto tiempo pelearon los moros y los cristianos?

_____

2. ¿Qué significa el título _Cid?_

_____

3. ¿Cuándo fue escrito el poema?

_____

II

Es el siglo XI. Alfonso es el rey cristiano de Castilla. Rodrigo Díaz de Vivar, el Cid, es uno de los vasallos* del rey. Algunos nobles _vassals_
tienen celos de Rodrigo, y uno de ellos, el conde García Ordóñez, lo acusa de _are jealous_
traicionar al rey. El rey concede a las demandas del conde y ordena el destierro _of betraying/yields/_
del Cid. Rodrigo tiene nueve días para salir de Castilla. _exile_

PRIMER CANTAR

Antes de salir de Castilla, Rodrigo pasa seis días con su familia en el monasterio de San Pedro de Cardeña. En una escena sentimental el Cid se despide _takes leave of, says_
de su esposa Jimena y sus hijas Elvira y Sol. _good-by to_

> Las dos manos inclinó él de la barba crecida.
> A sus dos niñitas coge, en sus brazos las subía,
> al corazón se las llega, de tanto que las quería.
> Llanto le asoma a los ojos y muy fuerte que suspira.
>
> (The long-bearded one reached out his arms.
> He lifted his daughters to his heart lovingly.
> Tears were in his eyes and he sighed deeply.)

Las noticias del exilio del Cid llegan a todas las ciudades de Castilla. El _news_
Cid pasa arrogante, pero triste, por las ciudades. Los habitantes se asoman a las _lean out of_
ventanas de sus casas para ver y admirar al Cid. Ellos sienten que el exilio del _feel_
Cid es una gran injusticia.

> «¡Oh, Dios, qué buen vasallo, si tuviera buen señor!»
>
> (Oh God, what a good vassal. If only he had a good king!)

La fama del Cid es conocida en toda Castilla. De todas partes llegan caba- _knights_
lleros que quieren pelear junto al Cid contra los moros. El Cid les promete que _along with_
van a volver a Castilla cubiertos de gloria.

_____

*noblemen bound to the king by oaths of loyalty

Así el Cid y sus caballeros salen de Castilla y comienzan sus aventuras en tierra de los moros.

El Cid y sus tropas llegan primero a Castejón, una ciudad árabe. Entran por sorpresa por las puertas de la ciudad, y toman prisioneros a los habitantes. Toman un gran botín en la batalla. Toman la ciudad en nombre del rey Alfonso de Castilla y mandan parte del botín al rey.

troops

booty

El Cid vence y cobra tributos a las ciudades de Alcocer, Daroca, Molina, Teruel, y muchas más.

conquers/collects tribute from

Exercises

E. Complete the sentences using the following words:

a. botín	*c*. cubiertos	*e*. traicionar
b. celos	*d*. monasterio	*f*. triste

1. Algunos nobles tienen _____ de Rodrigo.

2. El conde García Ordóñez acusa a Rodrigo de _____ al rey.

3. San Pedro de Cardeña es un _____.

4. El Cid pasa arrogante, pero _____, por las ciudades.

5. Mandan parte del _____ al rey.

F. Arrange the words to form a sentence.

1. uno / vasallos / los / Rodrigo / de / rey / es / del

_____

2. Cid / el / esposa / se despide / su / de

_____

3. llegan / ciudades / las / noticias / las / a

_____

4. a / cubiertos / van / gloria / volver / de / Castilla / a

_____

G. Number the following events in the order in which they occur in the story.

_____ *a*. Llegan primero a Castejón.

_____ *b*. Se despide de su esposa y sus hijas.

_____ *c*. Mandan parte del botín al rey.

_____ *d*. Rodrigo pasa seis días con su familia en el monasterio.

_____ *e*. El Cid y sus caballeros salen de Castilla.

_____ *f*. Toman prisioneros a los habitantes.

H. Answer in Spanish:

1. ¿Cuántos días pasa el Cid con su familia en San Pedro de Cardeña?

_____

2. ¿Qué les promete el Cid a los caballeros?

_____

3. ¿Cómo se llama la primera ciudad que toman el Cid y sus caballeros?

_____

4. ¿Qué manda el Cid al rey Alfonso?

_____

I. *Practice in speaking Spanish.* Describe to the class the encounter in Castejón.

III

SEGUNDO CANTAR

El Cid y su ejército continúan su camino hacia la gran *army*
ciudad de Valencia. Toman las ciudades de Jérica, Onda, Almenara y las tierras
de Burriana, Castellón y Benicadell. El Cid pasa tres años tomando todas las
ciudades árabes cerca de Valencia. Por fin, el Cid conquista la importante y
hermosa ciudad de Valencia.

Valencia es una ciudad rica. Los soldados del Cid toman un botín de mucho
valor. Los caballeros reciben casas y posesiones en la ciudad. El Cid gana su
caballo Babieca en la batalla.

Cuando Alfonso recibe las noticias de la conquista, les da permiso a doña
Jimena y a sus dos hijas para ir a Valencia y vivir con el Cid. Después de largos
años de separación, el valiente Campeador abraza a su familia y llora de con- *embraces*
tento. El Cid y su familia viven contentos en la ciudad de Valencia.

El Cid es ahora un hombre rico y poderoso. Por eso, Fernando y Diego
García, los Infantes de Carrión, quieren casarse con las hijas del Cid. Hablan *princes/to marry*
con el rey Alfonso de su deseo. El rey decide ayudarles y manda el mensaje al
Cid que los Infantes quieren casarse con sus hijas. Al Cid no le gusta la idea,
pero siempre obedece a su rey. Da su permiso para los matrimonios, y por 15 *obeys*
días se celebran los matrimonios con unas fiestas magníficas.

Exercises

J. Match each word in the first column with the related expression in the second column.

_____ 1. Diego García	a. Infante de Carrión
_____ 2. Elvira	b. hija del Cid
_____ 3. Babieca	c. ciudad rica y hermosa
_____ 4. Valencia	d. monasterio en San Pedro
	e. caballo del Cid

K. Complete the sentences using the following words:

a. árabes   d. poderoso
b. casarse   e. riquezas
c. matrimonios

1. El Cid pasa tres años tomando las ciudades _____ cerca de Valencia.

2. El Cid es rico y _____.

3. Los Infantes de Carrión quieren _____ con las hijas del Cid.

4. Se celebran los _____ con unas fiestas magníficas.

L. ¿Cierto o falso? Read the statement aloud. If it is false, correct it as you read.

1. Valencia es un pueblo pequeño.
2. Los caballeros reciben casas y posesiones en Valencia.
3. El Cid llora de tristeza.
4. Los Infantes quieren casarse con Elvira y Sol porque el Cid es rico y poderoso.
5. El rey Alfonso les ayuda a los Infantes.
6. Al Cid le gusta la idea de los matrimonios con los Infantes.

M. Complete each sentence correctly with one of the following expressions:

a. quieren casarse con Elvira y Sol
b. para obedecer al rey
c. tomando las ciudades cerca de Valencia
d. decide ayudarles
e. y llora de contento

1. El Cid pasa tres años _____.

2. El Cid abraza a su familia _____.

3. Fernando y Diego García _____.

4. El rey Alfonso _____.

5. El Cid da permiso para los matrimonios _____.

N. Answer in Spanish:

1. ¿Cuántos años pasa el Cid tomando las ciudades moras cerca de Valencia?

_____

2. ¿Cómo es la ciudad de Valencia?

_____

3. ¿Cómo se llaman los Infantes de Carrión?

_____

4. ¿Por qué quieren los Infantes casarse con las hijas del Cid?

_____

5. ¿Por cuántos días se celebran los matrimonios?

_____

O. *Practice in speaking Spanish.* Describe to the class how the conquest of Valencia affects the Cid and his family.

IV

TERCER CANTAR

Los Infantes de Carrión viven en Valencia con sus esposas por dos años. Un día ocurre algo asombroso: un león se escapa de su jaula y entra en la sala del Cid. El Cid está dormido en un sillón, y sus hombres se acercan para proteger a su señor. Los Infantes de Carrión, don Fernando y don Diego, están aterrorizados. Don Fernando se esconde bajo el sillón del Cid y don Diego se esconde detrás de una viga lagar. El Cid se despierta. Con mucho valor mete el león en la jaula. Después va en busca de los Infantes de Carrión. Cuando encuentra a los Infantes, ellos están pálidos de miedo. Los caballeros del Cid se burlan de los hermanos. Es una gran deshonra para ellos.

A causa de este incidente, los Infantes piensan vengarse del Cid. Piden permiso para regresar a Carrión con sus esposas. El Cid está triste pero da su permiso.

Camino de Carrión, los Infantes toman su venganza: azotan cruelmente a doña Elvira y a doña Sol. Por fin dejan a las mujeres casi muertas. Un primo de las hermanas las descubre y las lleva a un castillo cercano para curarlas.

El Cid oye las noticias de sus hijas y demanda justicia. Para dar satisfacción al Cid, el rey hace cortes. En las cortes el Cid recibe recompensa en forma de dinero. Pero los Infantes no quieren confesar su crimen. Dos de los caballeros más valientes del Cid retan a los Infantes de Carrión. Deciden resolver la disputa en un torneo. En el torneo los caballeros del Cid matan a los Infantes. Doña Elvira y doña Sol están vengadas, y el Cid y sus caballeros regresan a Valencia.

Glosses (right margin):
- asombroso — astonishing / jaula — cage
- dormido — asleep / sillón — couch
- proteger — protect
- aterrorizados — terrified / se esconde — hides
- viga lagar — wine press
- mete — he puts
- se burlan de — make fun of / deshonra — disgrace
- A causa de — because of / vengarse — take revenge
- azotan — beat
- casi muertas — almost dead
- hace cortes — holds court
- retan — challenge
- torneo — tournament / matan — kill

Más tarde, las hijas celebran un segundo matrimonio con los Infantes de Navarra y Aragón. Sus esposos llegan a ser reyes de España, y las hijas del Cid son <u>reinas</u>. En la lista de los nombres de reyes de España están los nombres de   *queens* descendientes del Cid Campeador.

Exercises

P. Complete the sentence correctly with one of the following expressions:

a. a doña Elvira y a doña Sol   *d.* de los Infantes
b. en la jaula   *e.* en un sillón
c. en un torneo

1. El Cid está dormido _____.

2. El Cid mete el león _____.

3. Los caballeros se burlan _____.

4. Diego y Fernando azotan cruelmente _____.

5. Los Infantes son matados _____.

Q. Complete the sentences using the following expressions:

a. se acercan   *d.* se escapa
b. se burlan   *e.* se esconde
c. se despierta

1. Un león _____ de su jaula.

2. Don Fernando _____ bajo el sillón del Cid.

3. Los caballeros _____ de Diego y Fernando.

4. El Cid _____ y mete el león en la jaula.

R. *Practice in speaking Spanish.* Tell the class about the incident that ended in shame for the *Infantes,* using the following guide:

The lion escapes from his cage. Fernando hides under the Cid's couch. Diego hides in a wine press. The Cid wakes up and puts the lion into the cage. The Cid's men make fun of Diego and Fernando.

Spanish-English Vocabulary

NOTE

1. Nouns that have a masculine and a feminine form are displayed in the same style as adjectives. For example, **amigo, -a** represents the forms **el amigo, la amiga,** and **director, -ra** stands for **el director, la directora.**

2. Irregular verb forms are indicated as shown in the following examples:

   a. *Stem-vowel changes.* **dormir (ue, u)** shows that **o** changes to **ue** in four forms of the present tense (d**ue**rmo, d**ue**rmes, etc.), and to **u** in two forms of the preterite (d**u**rmió, d**u**rmieron) as well as the present participle (d**u**rmiendo).

   b. *Spelling changes.* **conocer (zc)** shows that **c** changes to **zc** in the **yo** form of the present tense (cono**zc**o) and in the "polite" command forms (cono**zc**a Ud., etc.). Similarly, **dirigir (j)** indicates the forms diri**j**o and diri**j**a(n) Ud(s).

   c. *Irregular verbs.* **decir (i, digo, dije)** shows (1) a stem-vowel change, (2) the irregular **yo** form of the present tense (**digo**) and (3) the **yo** form of the preterite to indicate the kind of change occurring in that tense (**dije, dijiste,** etc.).

a, at, to; *as personal a, not translated:* **veo a Juan,** I see John
abandonado, -a, abandoned
abandonar, to abandon
abierto, -a, open
abrazar, to embrace
abrir, to open
absurdo, -a, absurd
el **abuelo,** grandfather
aburrir, to bore
aceptar, to accept
acerca de, about, concerning
acercarse, to approach, to come near
acompañar, to accompany
acostumbrado, -a accustomed
la **actitud,** attitude
la **actriz,** actress
actuar, to act
acusar, to accuse
además, besides, furthermore, in addition
adiós, good-bye
la **admiración,** admiration
admirar, to admire
¿adónde? (to) where?
adoptar, to adopt
afirmar, to affirm
el **agente,** agent
agitado, -a, agitated, excited
agosto, August
agradable, agreeable, pleasant, nice
agresivo, -a, aggressive
el **agua** *(f),* water
el **águila** *(f),* eagle
ahora, now

el **aire,** air
¡aja! aha!
al, to the, at the; (+ *inf.*) on, upon: **al terminar,** on (upon) finishing
alegre, glad, happy
algo, something, anything
alguien, somebody, someone, anyone
algunos, -as, some, a few; **algunas veces,** sometimes
allí, there
el **alquiler,** rent
alto, -a, tall
amable, amiable, kind, friendly
amar, to love
amarillo, -a, yellow
amigo, -a, friend
el **amor,** love
el **análisis,** analysis
andar, to walk; to go
animado, -a, animated, lively
anoche, last night
anónimo, -a, anonymous
ante, before
los **antepasados,** ancestors
antes de, before
antiguo, -a, ancient; antique
la **antropología,** anthropology
anunciar, to announce
el **año,** year; **¿cuántos años tiene?** how old is he/she?; **tiene ocho años,** he/she is eight years old
el **aparato,** apparatus
aparecer (zc), to appear
la **aparición,** apparition
el **apartamento,** apartment

el **apetito,** appetite
aprender, to learn
aquí, here
árabe, Arab, Arabian
el **árbol,** tree
aristocrático, -a, aristocratic, "high-class"
el **arquitecto,** architect
arreglar, to arrange
arriba, up
arrodillarse, to kneel
arrogante, arrogant
la **artesanía,** handicrafts
el **asesinato,** assassination, murder
el **asesino,** assassin, murderer
así, thus
asistir, to attend
asomarse a la ventana, to appear at (lean out of) the window
asombrado, -a, astonished
atentado, -a, attempted
aterrorizado, -a, terrified
el (la) **atleta,** athlete
atractivo, -a, attractive
atrapar, to trap, to catch
la **audiencia,** audience
aunque, although
ausentar, to absent oneself, to be absent
la **autoridad,** authority
avanzado, -a, advanced
el **ave** *(f),* bird
la **aventura,** adventure
ay, oh
ayudar, to help
azotar, to whip; to beat
azteca, Aztec
azul, blue

bailar, to dance

el **baile,** dance; **baile de trajes,** costume ball

bajar, to lower

bajo, under

la **bala,** bullet

el **banco,** bank

la **banda,** band

el **bar,** cocktail bar

la **barba,** beard

el **básquetbol,** basketball

la **batalla,** battle

beber, to drink

el **béisbol,** baseball

la **bendición,** blessing; **últimas bendiciones,** last rites, extreme unction

la **bicicleta,** bicycle

bien, well

la **biología,** biology

blanco, -a, white

la **boa,** boa constrictor

el **bolsillo,** pocket

el **bolso,** purse

bonito, -a, pretty

el **bosque,** forest, woodland

el **botín,** booty, plunder

la **bravura,** bravery

el **brazo,** arm

brillante, brilliant

la **brisa,** breeze

buen, *variant of* **bueno,** *used before masculine singular nouns*

bueno, -a, good; **buenos días,** good morning

burlarse de, to make fun of

la **busca,** search; **en busca de,** in search of

buscar, to look for

el **caballero,** gentleman

el **caballo,** horse

el **cabello,** hair

la **cabeza,** head

el **cacto,** cactus

cada, each

el **cadáver,** corpse, cadaver

caer (caigo), to fall

el **café,** coffee, cafe; **color café,** brown

la **cafetería,** cafeteria

cajero, -a, cashier, bank teller

el **calendario,** calendar

el **calor,** heat; **hace calor,** it's warm

la **caloría,** calorie

caluroso, -a, hot

callarse, to become quiet, fall silent

la **calle,** street

la **cama,** bed

la **cámara,** camera

camarero, -a, *(m)* waiter, *(f)* waitress

cambiar, to change

caminar, to walk

el **camino,** road, way; **camino de,** on the way to

el **campeador,** champion, campaigner

la **canción,** song

cansado, -a, tired

cantar, to sing

el **capitán,** captain

capturar, to capture

la **cara,** face

el **carpintero,** carpenter

la **carretera,** highway, road

la **casa,** house; **en casa,** at home; **en casa de,** at the home of; **ir a casa,** to go home

casarse (con), to get married (to)

casi, almost

el **caso,** case

el **castillo,** castle

la **causa,** cause; **a causa de,** because of

celebrar, to celebrate

celos, jealousy; **tener celos,** to be jealous

el **cementerio,** cemetery

cenar, to have supper, dinner

el **centro,** center; downtown

cerca (de), near

cercano, nearby

cerrado, -a, closed

el **cerro,** hill

la **cerveza,** beer

cesar de + *inf.,* to stop (doing something)

el **cid,** lord

el **cielo,** heaven; sky

la **ciencia,** science

ciento, one hundred

cinco, five

el **cine** (= **cinema**), movies, movie theater

la **ciudad,** city

la **civilización,** civilization

claro, of course

la **clase,** class, kind

clásico, -a, classic, classical

el (la) **cliente,** client

el **clima,** climate

cobrar, to charge; to collect (taxes, etc.)

la **cocina,** kitchen

el **coche,** car

coger (j), to take, seize

la **combinación,** combination

comenzar (ie), to begin

comer, to eat

cómico, -a, comical, funny

la **comida,** food; meal

comido, eaten; **han comido,** they have eaten

comiendo, eating

como, as, like; such as

¿cómo? how? what?

la **compañía,** company

comparar, to compare

completamente, completely

completo, -a, complete; **por completo,** completely

componerse de, to be composed of (*conj. like* **poner**)

comprar, to buy

comprender, to understand

la **computadora,** computer

con, with; **con frecuencia,** frequently

conceder, to concede

concentrarse, to concentrate

el **concierto,** concert

el **conde,** count, earl

conducir (zc), to drive; to lead

confesar (ie), to confess

la **confianza,** confidence

la **confusión,** confusion

confuso, -a, confused

conmigo, with me

conocer (zc), to know, be acquainted with

conocido, -a, known

la **conquista,** conquest

el **conquistador,** conqueror

conquistar, to conquer

considerado, -a, considered
constante, constant
constantemente, constantly
construido, -a, constructed, built
construir (construyo), to construct, build
contar (ue), to tell, relate
contener, to contain (*conj. like* **tener**)
contento, -a, glad, happy
contestar, to answer
continuar, to continue
contra, against
convencido, -a, convinced
la **conversación,** conversation
conversar, to converse, talk
convertir (ie, i), to convert; **convertirse,** to be converted
el **corazón,** heart
correcto, -a, correct
el **corredor,** corridor
correr, to run
la **corrida de toros,** bullfight
cortar, to cut
la **corte,** court; **hacer cortes,** to hold court
la **cosa,** thing
costar (ue), to cost
la **costumbre,** custom
la **creación,** creation
crecer (zc), to grow
crecido, -a, grown long
creer, to believe
la **criatura,** creature
el **crimen,** crime
cristalino, -a, crystalline
el **cristianismo,** Christianity
cristiano, -a, Christian
cruelmente, cruelly
¿cuál? what? which?
cuando, when, whenever; **¿cuándo?** when?
¿cuánto? -a, how much?; **¿cuántos?, -as,** how many?
cuarenta, forty
el **cuarto,** quarter, fourth; room
cuatro, four
cubierto, -a, covered
cubrir, to cover
la **cuenta,** bill, check (*in a restaurant*)
la **cueva,** cave
el **cuidado,** care

curado, -a, cured
curar, to cure
la **curiosidad,** curiosity
curioso, -a, curious

la **chaqueta,** jacket
charlar, to talk, chat
la **chica,** girl
el **chico,** boy
el **chile,** pepper

la **dama,** lady
dar (doy, di), to give
de, of, from
debajo de, under
deber, ought (to), should, must, to be supposed to; **debemos salir a la una,** we should (are supposed to) leave at one o'clock
decidir, to decide
decir (i, digo, dije), to say, tell
declarado, -a, declared
declarar, to declare
la **decoración,** decoration
el **dedo,** finger; **indicar con el dedo,** to point
defender (ie), to defend; **defenderse,** to defend oneself
la **defensa,** defense
definitivamente, definitely
dejar, to leave (something behind)
del, of the, from the
delante de, in front of
delicioso, -a, delicious
la **demanda,** demand
demostrar (ue), to demonstrate, show
el (la) **dentista,** dentist
dentro de, within
derrotar, to defeat
desagradable, disagreeable, unpleasant
desaparecer (zc), to disappear
el **descendiente,** descendant
describir, to describe
descubrir, to discover
desde, from
desear, to want, desire
el **deseo,** desire
la **deshonra,** dishonor, disgrace

desierto, -a, deserted
deslizarse, to slide
despedirse (de), to say good-bye (to) [*conj. like* **pedir**]
despertar (ie), to wake (someone); **despertarse,** to wake up
después, afterwards; **después de,** after
el **destierro,** exile, banishment
destruir (destruyo), to destroy
el **detalle,** detail
detrás de, behind
devorar, to devour
el **día,** day; **de día,** in the daytime; **todo el día,** all day; **buenos días,** good morning
diabólico, -a, diabolical
el **diamante,** diamond
el **diario,** diary
diciembre, December
el **diente,** tooth
la **dieta,** diet; **estar a dieta,** to be on a diet
diez, ten
diferente, different
difícil, difficult
digerir (ie, i), to digest
el **dinero,** money
el **dios,** god
la **dirección,** address; direction
directamente, directly
director, -ra, (school) principal
disculparse, to apologize
el **diseño,** design
el **disfraz** (*pl* **disfraces**), costume
disgustado, -a, displeased, annoyed
el **disgusto,** displeasure
disparar, to shoot
dispensar, to excuse; **Dispense(n) Ud(s).,** Excuse me
la **disputa,** dispute, argument
la **distancia,** distance
distinguirse, to distinguish oneself
la **diversión,** diversion, amusement
divertir (ie, i), to amuse, entertain; **divertirse,** to enjoy oneself, have a good time
dividido, -a, divided
divinamente, divinely
doce, twelve

dócil, docile, gentle
doctor, -ra, doctor
el **documento,** document
domingo, Sunday
donde, where; **¿dónde?** where?
dormido, -a, asleep
dormir (ue, u), to sleep;
   dormirse, to fall asleep
el **dormitorio,** bedroom
dos, two
doscientos, -as, two hundred
la **duda,** doubt; **sin duda,**
   undoubtedly
dudar (de), to doubt
dulce, sweet; el **dulce,** (piece of)
   candy
durante, during
durar, to last

e, and; *used instead of* **y** *before a*
   word beginning with **i** *or* **hi**
el **ejemplo,** example; **por**
   ejemplo, for example
el **ejército,** army
él, he, him
la **electrónica,** electronics
electrónico, -a, electronic
elegante, elegant
ella, she; **ellas,** they *(f)*
la **emergencia,** emergency; **la sala**
   de emergencia, emergency
   room
empleado, -a, employee
en, in, on
enamorarse de, to fall in love
   with
la **enchilada,** *corn cake covered*
   with a sauce seasoned with chili
encima de, on top of
encontrar (ue), to find
el **enemigo,** enemy
la **energía,** energy
la **enfermedad,** illness
enfermo, -a, ill, sick
enfrente, in front
el **enojo,** annoyance, anger
enorme, huge, enormous
entender (ie), to understand
entonces, then
entrar (en), to enter
entre, between
entusiasmado, -a, enthusiastic

el **entusiasmo,** enthusiasm
la **época,** epoch, era
el **equipo,** team
escaparse, to escape
la **escena,** scene
esconderse, to hide oneself
escrito, -a, written
el **escritorio,** desk
escuchar, to listen (to)
la **escuela,** school
ese, -a, that
eso, that; **por eso,** for that reason
el **espacio,** space
la **espada,** sword
espaguetis, spaghetti
España, Spain
español, -la, Spanish, Spaniard
especialmente, especially
el **espejo,** mirror
esperando, waiting (for)
esperar, to wait (for); to hope
espléndido, -a, splendid
la **esposa,** wife
el **esposo,** husband
la **estación,** station
el **estado,** state
los **Estados Unidos,** the United
   States
estar (estoy, estuve), to be
la **estatua,** statue
este, -a, this
el **estómago,** stomach
estos, -as, these
estrangular, to strangle
la **estrella,** star
el (la) **estudiante,** student
estudiar, to study
el **estudio,** study
eterno, -a, eternal
Europa, Europe
la **evidencia,** evidence
evidente, evident
exactamente, exactly
excelencia, excellence
excepcional, exceptional
exclamar, to exclaim
la **excusa,** excuse
el **exilio,** exile
la **existencia,** existence
existir, to exist
la **experiencia,** experience
el **experto,** expert
explicar, to explain

la **expresión,** expression
extender (ie), to extend, stretch
   out
extranjero, -a, foreign
extraño, -a, strange
extraordinario, -a, extraordinary

fabricar, to make
fabuloso, -a, fabulous
fácil, easy
la **fama,** fame, reputation
la **familia,** family
famoso, -a, famous
la **fantasía,** fantasy
el **fantasma,** ghost
fascinado, -a, fascinated
el **favor,** favor; **por favor,** please
favorito, -a, favorite
la **fe,** faith
la **felicidad,** happiness
feliz *(pl* **felices),** happy
feo, -a, ugly
fiarse (de), to trust
la **fibra,** fibre
la **ficción,** fiction
la **fiesta,** party
la **figura,** figure
filmando, filming
filmar, to film
el **fin,** end; **fin de semana,**
   weekend; **por fin,** finally
finalmente, finally
flaco, -a, thin, skinny
la **forma,** form, way
la **foto,** photo, snapshot
fragante, fragrant
el **fraile,** friar, monk
la **frecuencia,** frequency; **con**
   frecuencia, frequently
frecuentemente, frequently
fresco, -a, cool, fresh
los **frijoles,** beans
frito, -a, fried
fuerte, strong
funcionar, to work, operate
fundar, to found
furioso, -a, furious
el **fútbol,** football; soccer

ganar, to win
el **gato,** cat

generalmente, generally
generoso, -a, generous
la **gente,** people
gentil, genteel
el **gimnasio,** gymnasium
la **gloria,** glory
gordo, -a, fat
gracias, thanks
gran, great
grande, big, large
grave, grave, serious
gritar, to shout
el **grupo,** group
guapo, -a, handsome
guiar, to guide
la **guitarra,** guitar
gustar, to please *(used when translating "to like":* **me gusta,** I like it, *etc.)*
el **gusto,** pleasure; **mucho gusto,** pleased to meet you

el (la) **habitante,** inhabitant
hablar, to talk, speak
hacer (hago, hice), to do, make; **hace calor,** it's warm (hot)
hacia, toward
el **hambre** *(f),* hunger; **tener hambre,** to be hungry
la **hamburguesa,** hamburger
hasta, until; as much as; **hasta la vista,** I'll be seeing you
hay, there is, there are
el **hermano,** brother
hermoso, -a, beautiful, handsome
el **héroe,** heroe
la **heroína,** heroine
el **heroísmo,** heroism
la **hija,** daughter
el **hijo,** son
hipnotizado, -a, hypnotized
el **hipnotizador,** hypnotist
hipnotizar, to hypnotize
la **historia,** history
hola, hello
el **hombre,** man
el **homicidio,** homicide, murder
honrado, -a, honest, honorable
la **hora,** hour
hoy, today
humano, human; **el ser humano,** human being

humilde, humble
humildemente, humbly
el **humor,** mood, disposition; **de mal humor,** in a bad mood

la **identidad,** identity
el (la) **idiota,** idiot
la **iglesia,** church
ignorante, ignorant
igual (que), the same (as)
la **iluminación,** illumination
iluminado, -a, illuminated
la **imagen,** image
imaginarse, to imagine
impaciente, impatient
importa: no importa, it doesn't matter, never mind
importante, important
importar, to import
imposible, impossible
impresionado, -a, impressed
impreso, -a, imprinted
el **incidente,** incident
inclinar la cabeza, to bow one's head
increíble, incredible
indicado, -a, indicated
la **indigestión,** indigestion
indio, -a, Indian
el **infante,** *any son of a king of Spain who is not heir to the throne*
la **información,** information
informar, to inform
el **ingeniero,** engineer
inglés: hablar inglés, to speak English
la **injusticia,** injustice
injusto, unjust
inmediatamente, immediately
inmóvil, motionless
la **inscripción,** inscription
insistir, to insist
inspirar, to inspire
el **instante,** instant
la **instrucción,** instruction
el **instrumento,** instrument
inteligente, intelligent
interesado, -a, interested
interesante, interesting
interesar, to interest (someone)
internacional, international

interrumpir, to interrupt
invadir, to invade
investigar, to investigate
el **invierno,** winter
invitado, -a, guest
invitar, to invite
ir (voy, fui), to go; **irse,** to leave
la **isla,** island
italiano, -a, Italian
la **izquierda,** left

el **jabalí,** wild boar
el **jardín,** garden
la **jaula,** cage
el **jefe,** chief
el (la) **joven,** *(m)* young man, *(f)* young woman; *adj* young *(pl* **jóvenes***)*
jueves, Thursday
jugador, -ra, player
jugar (ue), to play
junto (a), along (with)
la **justicia,** justice
justo, -a, just

los **labios,** lips; **rojo de labios,** lipstick
el **laboratorio,** laboratory
los **labores,** labors
el **lado,** side; **al lado de,** beside
el **lago,** lake
largo, -a, long
las, the, them
lavar, to wash
le, (to) him
leer, to read
lejos, far, far off
el **león,** lion
les, at them (**les grita,** he shouts at them); to you (**les voy a indicar,** I'm going to point out to you)
levantar, to raise, lift; **levantarse,** to get up
la **leyenda,** legend
librar, to free, liberate
el **libro,** book
la **limonada,** lemonade
limpiar, to clean
lindo, -a, pretty
la **lista,** list

listo, -a, clever, bright
la **literatura,** literature
lo, him, it
locamente, crazily
loco, -a, crazy; **estar loco(-a)
por,** to be crazy about
los, the, them
luego, then
el **lugar,** place
luminoso, -a, luminous
la **luna,** moon
lunes, Monday; **el lunes,** on
Monday
la **luz** (*pl* **luces**) light

llamado, -a, called
llamar, to call; **llamarse,** to be
called, named
el **llanto,** weeping
llegar, to arrive; **llegar a ser,** to
become, get to be
llenar, to fill
lleno, -a, full
llevar, to take; to carry; to wear
llorar, to cry

la **madre,** mother
magnífico, -a, magnificent
el **maíz,** maize, corn
mal, bad, badly; **de mal humor,**
in a bad mood; **los malos,** the
"bad guys," villains
la **mancha,** spot, stain
manchado, -a, soiled, stained
mandar, to send
la **manera,** way
la **mano,** hand
la **manta,** cloak
mantener, to maintain, keep
mañana, tomorrow
la **mañana,** morning; **de la
mañana,** in the morning; **por la
mañana,** in (=during) the
morning
maravilloso, -a, marvelous,
wonderful
martes, Tuesday; **los martes,** on
Tuesdays
más, most; more; **más o menos,**
more or less

la **máscara,** mask
matar, to kill
las **matemáticas,** mathematics
el **matrimonio,** wedding; marriage
mayor, older, oldest
la **mayoría,** majority; **la mayoría
de,** most of
la **medicina,** medicine
medio, -a, half; **a las diez y
media,** at ten thirty; **en medio
de,** in the middle of
mediodía, noon, midday
mejor, better, best
mejorarse, to improve, get better
menos, less, minus; **a las doce
menos cuarto,** at a quarter to
twelve; **al menos,** at least
el **mensaje,** message
el **menú,** menu
el **mes,** month
la **mesa,** table
meter, to put in
mexicano, -a, Mexican
mi, mis, my
mí, me
el **micrófono,** microphone
el **miedo,** fear; **tener miedo,** to be
afraid
mientras, while
miércoles, Wednesday
el **milagro,** miracle
milagroso, -a, miraculous
el **millón** (*pl* **millones**), million
el **minuto,** minute
mío, -a, my, of mine
mirar, to look (at); **mirar la
televisión,** to watch television
la **misa,** mass
mismo, -a, same
el **mito,** myth
moderado, -a, moderate
moderno, -a, modern
modestamente, modestly
molesta: me molesta, it bothers
me
el **momento,** moment
el **monasterio,** monastery,
convent
monótono, -a, monotonous
el **monstruo,** monster
el **monumento,** monument
morir (ue, u), to die
moro, -a, Moor, Moorish

mostrar (ue), to show
moverse (ue), to move
el **movimiento,** movement
muchacho, -a, (*m*) boy, (*f*) girl
mucho, -a, much, a lot, a great
deal of; **muchos, -as,** many;
muchísimos, -as, very many;
¡**Mucho gusto!** Pleased to meet
you!
muerto, -a, dead
la **mujer,** woman
el **mundo,** world
la **munición,** ammunition
el **músculo,** muscle
el **museo,** museum
la **música,** music
el **músico,** musician
muy, very

nacer, to be born
nacional, national
nada, nothing
nadie, no one
necesario, -a, necessary
necesitar, to need
negro, -a, black
nervioso, -a, nervous
ni, neither, nor
niño, -a, child; **niñito, -a,**
little or dear child
nocturno, -a, nocturnal; **centros
nocturnos,** night spots
la **noche,** night; **de noche,** at
night; **esta noche,** tonight; **en la
noche,** at night; **todas las
noches,** every night
el **nombre,** name
el **nopal,** *a variety of cactus*
el **norte,** north
norteamericano, -a, (North)
American
nosotros, -as, we
notar, to note, notice
las **noticias,** news
la **novela,** novel
noviembre, November
nuestro, -a, our
nueve, nine
nuevo, -a, new; **de nuevo,** again
el **número,** number
nunca, never
nutritivo, -a, nutritious